做一名教育家型教师

史振平 —— 著

U0353047

北京理工大学出版社
BEIJING INSTITUTE OF TECHNOLOGY PRESS

图书在版编目（ＣＩＰ）数据

做一名教育家型教师 / 史振平著. --北京 ：北京
理工大学出版社，2025.4.
　ISBN 978 - 7 - 5763 - 4931 - 3

　Ⅰ．G451.6

中国国家版本馆CIP数据核字第2025NN7143号

责任编辑：徐艳君　　　文案编辑：徐艳君
责任校对：刘亚男　　　责任印制：施胜娟

出版发行 / 北京理工大学出版社有限责任公司
社　　　址 / 北京市丰台区四合庄路 6 号
邮　　　编 / 100070
电　　　话 / (010)68944451（大众售后服务热线）
　　　　　　(010)68912824（大众售后服务热线）
网　　　址 / http ://www.bitpress.com.cn

版 印 次 / 2025 年 4 月第 1 版第 1 次印刷
印　　　刷 / 三河市华骏印务包装有限公司
开　　　本 / 710 mm×1000 mm　1 / 16
印　　　张 / 17.25
字　　　数 / 230千字
定　　　价 / 58.00元

史振平，一位执着的登顶者

成尚荣

罗曼·罗兰写过《米开朗琪罗传》，这是本名著，与《贝多芬传》《托尔斯泰传》世称三大英雄传。所谓英雄，罗曼·罗兰并非指思想或武力称雄者，他认为英雄只不过是能够倾心为公服务的"人类的忠仆"。这样的"忠仆"有伟大的心魂，这样的心魂如崇山峻岭，风雨吹荡它，云翳包围它，但人们在那里呼吸时，比别处更自由、更有力。他还说："我不说普通的人类都能在高峰上生存，但一年一度他们应上去顶礼。在那里，他们可以变换一下肺中的呼吸与脉管中的血流；在那里，他们将感到更迫切永恒。以后，他们再回到人生的平原，心中充满了日常战斗的勇气。"

写这段话自然想到史振平。我无意把史振平与米开朗琪罗相提并论，也无意说史振平是英雄，而是说他有浩大的胸魄，有在高峰上生存的意愿，日常生活中有奋斗的勇气。史振平也用一个词概括了自己的追求和生存状态——登顶。凡是能登顶的人总是有志向、有抱负、有勇气，而每换一次脉管里血液的人，总能充满创造的活力。他随时听从山顶对他的呼唤。

的确，史振平是个登顶人。他说："登山就要登顶，登顶才能一览众山小。"顶，是制高点，制高点是人生的境界，是教师专业发展的最高价值目标。史振平毫不掩饰自己内心的追求——做一名教育家型教师。当然，这也是他对广大中小学教师的美好希冀。教育家是崇高的，但绝不是高不可攀的；教育家的精神内涵是深刻的，但绝不是深奥难懂的。所谓"教育家型"，就是要像教育家那样做教师。这就离不开强大的内心动力。他用孟德斯鸠的话来勉励自己和教师们："任何别人的建议或意见，都无法代替我内心强烈的呼唤。"人的内心世界要比外面的世界大多了；人的内心力量要比外在力量强多了。登顶，本身就是一种理想信念驱动下的勇气和力量。人生不能没有制高点，而制高点也在不断提升。在史振平看来，他所干过的所有工作都是没有天花板的舞台。

史振平这位登顶者，不仅有制高点，而且有自己的着力点。他的着力点是阅读力，用阅读打开通向世界的大门，打开自己的心胸和见解；他的着力点是思考力，人的最大尊严在于有自己的思想，思考让自己深刻起来；他的着力点是研究力，只有研究才能真正把握规律，成为这个世界的真正驾驭者；他的着力点是语言力，用语言表达自己的思想，用语言塑造自己的风格，做一个有魅力的人；他的着力点是课程教学力，永远站立在课堂里，永远把自己的讲台与世界舞台相连接；他的着力点是技术力，教育教学中融入现代技术，用 AI 改变教与学的方式，让思维在星空里飞扬；他的着力点是家校合育力，协同育人，把同心圆构筑好，把圆心把握准。所有的着力点都为史振平登顶搭起一个个支架、垫上一块块基石。没有诸多的着力点，登顶可能就是一句空话而已。诸多的着力点也反映了史振平的发展是一个系统的整体，从不同的方向去努力，而对教师发展也作了结构化的指导，彰显了他的实践智慧。

登顶过程充满着各种各样的挑战，遇到各种预料不到的困难与挫折，但

做一名教育家型教师

是他都能去化解。他靠的是点燃点，即修炼自己的道德情操。史振平在"道德—情操—审美"之间搭起了桥梁。道德是情感的基石，情感是对道德的召唤，其间充溢着审美的愉悦。他以关怀性思维对待每一个教师，用真心实意感动每一个教师，用专业的智慧启迪每一个教师。自始至终，总有一支火把在点燃、在燃烧，点亮心灯，点燃内心的动力。这支火把可能有时会被山风吹弱，但始终让火种燃烧不灭。

史振平，这位登顶者，是知者，不惑；是仁者，不忧；是勇者，不惧。这三者让他感悟人生智慧、仁爱之心和勇敢之道。我深以为校长是离教育家最近的人，尤其是作为立志登顶的校长，用自己的行动诠释、演绎了教育家精神。

我们应该向史振平致敬。

成尚荣

著名教育专家

江苏省教科所原所长

江苏省教科院研究员

教育部基础教育课程改革指导组专家

序

登顶，领略风光无限

——自序

笔者一直对教育家非常崇敬甚至崇拜，国外的夸美纽斯、苏霍姆林斯基、杜威等，国内的陶行知、陈鹤琴、于漪等，包括当下活跃在教育界的很多名家、名师、名校长，一直是我敬慕、学习的对象。近年来，全国上下对教育家精神的研究、弘扬春潮涌动，如火如荼。"心有大我、至诚报国的理想信念，言为士则、行为世范的道德情操，启智润心、因材施教的育人智慧，勤学笃行、求是创新的躬耕态度，乐教爱生、甘于奉献的仁爱之心，胸怀天下、以文化人的弘道追求"，这一教育家精神的深刻内涵，正如春风万里，吹遍祖国大江南北，滋润着、影响着千千万万的为人师者，春光烂漫，生机盎然，令人欣喜。

笔者以为，研究、弘扬教育家精神应常态推进、大力推进，永远向前、永不停歇，真正让教育家精神植入每一名教育工作者的大脑，流进每一名教育工作者的血脉，融入每一名教育工作者的灵魂。

特别是教师。因为教师是推进教育改革发展的主力军，是落实立德树人根本任务的核心力量。

笔者以为，登山就要登顶，登顶才能一览众山小，荡胸生层云，俯瞰广袤大地，领略风光无限。各行各业的从业者都应向着最高专业目标进发，登上各行各业的专业之"顶"。当教师也要登顶，这个"顶"就是教育家型教师。

每一名教师都应立志做教育家型教师，做到心有大我、至诚报国、言为士则、行为世范，启智润心、因材施教，勤学笃行、求是创新，乐教爱生、甘于奉献，胸怀天下、以文化人。

那么，怎样才能成为一名教育家型教师呢？一靠外因，靠教育部门和学校的培养；二靠内因，靠教师的自我修炼和成长。最终落脚点是教师的成长，因为外因也要通过内因发生作用。

那么，教师成长的着力点在哪里呢？笔者以为，着力点在能力素养的修炼与提升。2004 年，荷兰学者科瑟根建构了"好教师"洋葱模型，他提出好教师有六个要素，由内而外分别是使命、认同、信念、能力、行为、环境（如图 1 所示）。在这六个要素中，由内而外，"能力"处在第四位。也就

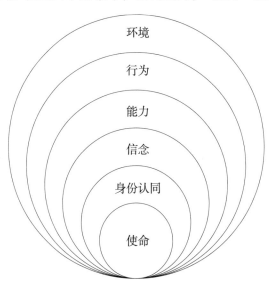

图 1　科瑟根"好教师"洋葱模型

是说，当一名教师有了强烈的使命感、较高的身份认同、坚定的理想信念后，如何才能工作更出色、个人更出彩呢？答案是：提高能力与素养。否则，即使教师非常渴望做好工作，非常渴望走向成功，但没有较高的素养和专业的能力支撑，一切等于零。

事实也已证明，绝大多数教师，特别是青年教师都十分珍惜自己的职业，都渴望干好工作、教好学生，都渴望学生喜欢、家长拥戴、领导肯定、社会尊敬，都渴望发展与进步，渴望成长为骨干教师乃至名师、教育家；但很多教师却不知道应修炼哪些专业能力，也不知道该如何修炼，如何提升。除了学校重视不够，没有制定规划、搭建平台，更重要的是教师个人动力不足、目标不清、路径不明，导致职业生涯一直原地踏步、踟蹰不前。

打个比方，我们知道，世界上绝大多数人都是"好人"，但只做个"好人"是不够的，我们还应做个"有用的人"；而要做个"有用的人"，就必须做个"能人"；要做个"能人"，就必须有过人的能力、高超的本领。对教师来说，做个"能人"，就是要具有过硬的立德树人、教书育人的能力，这是成为名师、实现理想的必然选择。只有不断提高能力素养，教师才能不断适应教育发展的新形势、新要求、新挑战，才能不断放大格局、开阔视野，脚踏实地、仰望星空，更好地立德树人、教书育人，为实现党和国家教育发展战略目标作出贡献，为推动人类发展进步作出贡献，同时实现自身价值，收获职业幸福，尽享幸福人生。

所以，笔者试图从这一视角，给教师素养能力的修炼提出明确的目标和方法路径，供广大中小学教师，特别是那些立志成长为教育家型教师的朋友们参考、借鉴，希望能给大家带来启发与帮助。

特别感谢国家教育行政学院于维涛主任对本书的指导并倾情推荐，作为教育学博士和博士生导师，作为校长、教师培训专家，与于主任的每次交流都获益匪浅。

特别感谢《中国教师报》韩世文主编对本书写作、出版提供的指导与帮助。作为教育和教师成长方面的专家，韩主编提出诸多专业的意见建议，终生难忘。

特别感谢教育名家成尚荣所长为本书写作提供专业指导并欣然作序、写推荐语。令我感动不已的是，成所长虽年过八旬，却依然青春洋溢、思维深刻、见解独到，在家中接待我并请我用午餐。成所长所写序言对我个人评价过高，但我想更是对我个人的鞭策和激励。

特别感谢教育名家冯恩洪校长对本书写作，尤其是对课程与课堂教学部分提出指导性意见和建议。令我感动不已的是，冯校长虽受伤手臂缠着绷带，但还是应邀对我进行了一个多小时的答疑与指导。

特别感谢教育名家陶继新老师对本书写作给予的指导与支持，以及多年来对我的指导与帮助。本书的好多典型案例都由陶老师提供。

特别感谢校长会创始人徐启建院长对本书写作的指导并倾情推荐。我将把徐院长对我的过高评价当作继续奋斗的宏伟目标与不竭动力。

感谢对本书写作给予指导和帮助，以及提供案例的其他所有专家、老师和同事们！你们的关爱是对我莫大的鼓励，我将心怀感恩，不负期望，在教育教学专业研究登顶的路上昂然前行，永不停辍！

特别提出，因现代网络、数字等技术发展迅猛、迭代飞快，对这方面的内容只是基于当下提供一种基础性的阐述，还有，书中内容难免有错讹之处，敬请各位批评指正！

目 录

Contents

第一章 修炼内驱力：教育家型教师开启教育人生的幸福大门 // 1

一、教师内驱力现状 // 2

二、教师内驱力不足的原因 // 3

三、如何激活教师内驱力 // 5

第二章 修炼阅读力：教育家型教师滋养生命大树的源头活水 // 16

一、阅读的价值意义 // 17

二、教师阅读书目的选择 // 24

三、教师读书的方法 // 27

四、名师读书案例 // 29

五、学生通过大量阅读走向成功的案例 // 37

第三章 修炼思考力：教育家型教师专业成长的智慧源泉 // 39

一、什么是思考 // 40

二、思考的方法 // 41

三、思考力 // 45

四、思考力修炼的方法 // 45

五、思考与思想 // 47

第四章　修炼研究力：教育家型教师走向深度认知的必然途径 // 61

一、研究的基本概念 // 62

二、研究的主要对象 // 62

三、研究的重要作用 // 63

四、研究的基本类型 // 64

五、研究的常用方法 // 67

六、研究成果的写作 // 68

第五章　修炼语言力：教育家型教师专业表达的必备工具 // 69

一、语言 // 70

二、语言力 // 71

第六章　修炼课程力：教育家型教师落实立德树人的核心任务 // 111

一、课程的概念 // 112

二、课程的整合 // 114

三、课程的研发 // 127

四、课程的评价 // 129

第七章　修炼课堂力：教育家型教师以课堂为安身立命根基 // 131

一、课堂的基本概念 // 132

二、当下对课堂的基本认知 // 133

三、课堂变革的价值追求 // 133

四、课堂变革的基本路径 // 137

五、课堂提升的基本方法 // 167

第八章　修炼教学力：教育家型教师驰骋教坛必备的实战功夫 // 174

一、明确教学的价值定位 // 175

二、把握教学的关键环节 // 177

三、合理选定教学方法（模型）// 186

四、面向个体进行教学 // 188

五、形成个性化教学法 // 189

六、掌握影响教学的四种心理学理论 // 195

第九章　修炼技术力：教育家型教师抢占未来制高点的技术支撑 // 205

一、传统教育教学技术 // 206

二、现代教育教学技术 // 207

三、教师应了解和掌握的基本现代信息技术 // 212

四、现代信息技术与学科教学的整合 // 219

第十章　修炼领导力：教育家型教师应具备必需的管理治理能力 // 224

一、领导力的基本认知 // 225

二、学科教师应具备的领导力 // 225

三、班主任（育人导师）应具备的领导力 // 226

第十一章　修炼家校合育力：教育家型教师创造完美教育的战略选择 // 231

一、家校合育的目的意义 // 232

二、家校合育的方法途径 // 234

三、家校合育的注意事项 // 242

第十二章　修炼道德情感力：教育家型教师必备的道德情感素养 // 244

一、修炼高尚职业道德 // 245

二、修炼深厚教育情怀 // 246

第一章

修炼内驱力：教育家型
教师开启教育人生的幸福大门

任何别人的建议或意见，都无法代替我内心强烈的呼唤。

——孟德斯鸠

任何事情成败的原因，不外乎内因和外因两个方面。内因是主要矛盾，外因是次要矛盾，外因要通过内因起作用。这是基本的哲学逻辑。教师专业成长的动力也不外乎内驱力和外驱力两个方面，而内驱力是主要的。只有充分激发了内驱力，由内而外发力，教师才能实现真正的成长与发展。李嘉诚先生曾用鸡蛋作比喻，他说，鸡蛋从外部打破，就成了别人口中的食物；从内部自己"打破"，便会诞生一个新的生命。教师也是这样，从外"打破"，只能被动成长，"被发展""被成长"，可能是一种压力；从内"打破"、主动发展，便会破茧成蝶，自我超越，激活生命。

成为教育家型教师，需要教师拥有更强大而持久的内驱力。这种力量，应如滔滔江河，奔流而下，势不可当，永不枯竭。

一、教师内驱力现状

（一）内驱力

内驱力是相对于外驱力而言的，是指在没有外界压力的情况下，主动完成任务的动机和动力，是在需要的基础上产生的一种内部唤醒状态或紧张状态，表现为推动有机体活动以达到满足需要的内部动力。"内驱力"与"需要"基本上是同义词，可以替换使用。但严格地说，"需要"是主体的感受，而"内驱力"是作用于行为的一种动力，两者不是同一状态；但两者又密切相连，因为"需要"是产生"内驱力"的基础，而"内驱力"是"需要"寻求满足的条件。

人的内驱力可分为两大类：由饥饿等生理需要而产生的内驱力称为第一内驱力，又称基本的、原始的或低级的内驱力；由责任感等后天形成的社会性需要所产生的内驱力称为第二内驱力，又称社会的或高级的内驱力。

（二）教师内驱力现状

当前，随着经济发展水平的不断提高，随着党和国家对教育事业重视程度的不断提高，教师薪酬待遇和物质生活水准不断提高，"生存""活着""养家糊口"已不再是教师的主要追求了，"第一内驱力"已不再是主要内驱力，精神层面的追求已上升为主要内驱力。但是，在现实中，很多教师，特别是广大中小学教师精神层面的内驱力明显不足。笔者经常与他们座谈，在问及"您职业生涯中最大的成功是什么"等问题时，大都回答"我班的教学质量一直很高，在级部名列前茅""我们班期末考试又是第一"等；在被问及"您当教师的主要目标是什么"时，大都回答"让学生考更好的成绩"之类；在被问及"您对自己职业生涯有什么规划""您想不想成为一名名师"的问题时，大部分教师一脸茫然，无言以对。

由此看出，教师群体特别是农村中小学教师群体专业成长的内驱力严重不足。由于内驱力不足，导致不同程度地出现职业倦怠。曾有机构对北京、上海、广州、深圳四地600名中小学教师就职业倦怠问题做问卷调查，结果有"严重职业倦怠"的达到27%，"有一些"的达到36%，"偶尔"的达到37%。北上广深四个一线城市都如此，其他地方更不用多说。内驱力不足以及由此引发的职业倦怠，是一个值得各级教育行政部门足够重视的问题。

孟德斯鸠说："任何别人的建议或意见，都无法代替我内心强烈的呼唤！"只有充分激发教师的内驱力，变被动为主动，变消极为积极，教师的专业成长才可能变成现实。

二、教师内驱力不足的原因

经调研和多年的观察与思考，笔者将中小学教师内驱力不足的主要原因归纳为两个方面：

（一）学校层面

1. 学校教育价值观扭曲

很多中小学校办学理念落后，仍旧把片面追求升学率当作主要甚至是唯一的办学追求，对教师的要求就是一条：把考试成绩搞好就行了，其他的统统放一边去。在这种办学思想指导下，教师别无选择，只有围着成绩和升学率转，而内心对教育的真正理解与价值追求实现不了，肯定就干着没劲，导致内驱力不足。

2. 学校不重视教师发展

很多学校办学，只把眼光盯着学生，把培养学生、促进学生发展作为唯一的办学目标，而没有同步考虑教师的发展。学校发展，既要考虑学生的发展，这是终极目标，毋庸置疑，但必须同时考虑教师的发展，只有教师发展了，才能更好地促进学生的发展。只有学校拼命对教师好，教师才能拼命对学生好。李希贵先生先后出版了《教师第一》《学生第一》两本书，"教师第一"是从管理学角度来说的，"学生第一"是从学校终极办学目标来说的，其实从一个侧面阐述了学校既要重视学生发展，又要重视教师发展这一真谛。那种只重视学生发展，而不管教师死活、不管教师专业成长、不管教师职业是否幸福的学校，是一种严重的战略短视。

学校不重视教师发展，还表现在把教师封闭在学校里，不允许教师外出培训学习，而且似乎很有道理："出去学习课谁来上，不影响成绩吗？"教师每年外出培训学习的机会非常少，视野得不到开阔，知识得不到更新，理念得不到提升，不知道好的教育、好的教学是什么样子，更不知道"名师"是什么样子。没有榜样，没有标杆，自然也就没有前进的动力。

（二）教师层面

1. 自我效能感低

自我效能感就是人对自己作为动因的能力信念。很多教师这方面的信念严重不足，也就是不相信自己，"我已经很努力了，但为什么还是不行呢？""我班的学生为什么总比不上人家班的呢？""我为什么每次考核都排在后面呢？"由此，越来越怀疑自己的能力，自我效能感也越来越低。

2. 自我要求降低

在封闭的工作环境里，在扭曲的教育价值观引领下，在不重视教师发展的学校里工作，教师自己对自己越来越不相信，自我要求也就不断降低，改革创新意识越来越淡漠，热情慢慢耗尽，进取心慢慢丧失，成长的欲望慢慢被扼杀。很多刚大学毕业的新教师本来热情高涨、动力十足，慢慢地也被同化，变成了安于现状、不思进取的顺从的"小羔羊"了。

以上两个层面，学校是外因，教师是内因。前面已经说过，内因是主要矛盾，不管在什么环境里，教师都应激活内驱力，始终保持昂扬的斗志、强烈的进取心，勇敢地去追求自己成功的幸福的教育人生。

三、如何激活教师内驱力

（一）学校该怎样做

教师内驱力不足，学校负有不可推卸的责任。学校应站在战略层面，明确教师成长目标，搭建教师成长平台，实施人文关怀，施行正向评价，问题就迎刃而解了。

1. 用共同目标激发内驱力

在管理学上有一个著名的吉格勒效应：一个人无论能力多强大，但如果没有一个高远的目标,他将一事无成,目标越远大,人就越容易成功。有了目标,内心的力量才会找到方向。李希贵先生说过,做正确的事比正确地做事更重要。对校长来说,需要做的排在第一位的"正确的事",就是确定学校发展的宏伟目标。校长要建设一所什么样的学校,要把学校带往何处去,这是教师团队乃至社会各界最关心的。"上下同欲者胜。"目标正确、高远,就能激发斗志、鼓舞人心、凝聚力量,学校的发展就会步入快车道。反之,教师一看你这个校长没有远大目标、没有事业心,他们看不到未来和希望,感觉工作没有价值意义,就会消极懈怠、疲于应付。所以,校长首先要基于校情,确定教师高度认同的学校发展宏伟目标,引领教师团队有价值地行走。工作没有价值意义,谁还会拼命去干呢? 就任青州一中校长后,笔者经广泛调研论证,确定了"建设一所充满人文关怀、涌动青春活力、具有卓越品质,学生喜欢、教师幸福、社会尊敬的新时代全国知名品牌学校"的发展目标。这一目标确实很高远,但却是能够实现的。因为青州一中是一所千年书院、百年老校,是山东省重点高中、山东省首批规范化学校,历史上弦歌不绝,滋兰树蕙,声名远播。恢复高考以后更是生机焕发,人才辈出,培养了大批国家建设的卓越人才。近年来办学条件不断改善,师资力量不断加强,育人质量在区域内名列前茅,具备冲出潍坊、走向全省乃至全国的基础和实力。所以,这一目标尽管很高远,却很振奋人心,成为全校上下凝心聚力、团结奋进的力量源泉,唤醒了全体教师沉睡的力量,学校发展步入新的历史阶段。

2. 用人文关怀激发内驱力

人文关怀就是尊重人、关怀人、发展人。对学校来说,就是尊重教师、关怀教师、发展教师。这是现代学校治理的必然选择。在通往远大目标的进程中,校长应积极推进人文管理,千方百计进行人文关怀,让教师每天都感到内心幸福、温暖,而非憋屈、压抑,这样教师的聪明才智才能更好地凝聚起来、发挥出来。怎么尊重教师呢? 一是地位上尊重。笔者提出"教师第一、学生核心、教学主线、服务导向"的学校发展核心要素定位，鲜明地提出"教师第一"，而不是"学生第一"。二是优化干群关系去尊重。明确提出"互为兄妹、互相尊重、和谐融洽、同舟共济"的干群关系，要求干部多表扬教师，不要随意批评教师。怎样关心教师呢？办法很多，譬如笔者每年都征集、确定为教师办好的十件实事，帮助教师解除后顾之忧，解决实际困难，譬如每月为教师集体过生日、为教师留出足够时间接送孩子等，对教师们内心触动很大。人心是柔软的，人是需要尊重的，笔者就任校长以后，好多人说，有的教师和以前相比变了一个样，没那些怪毛病了，工作能干了，教学成绩提高了，还有上进心了，其实我也没做什么特殊的事情，就是他们本人或者家人生重病了，或者父母去世了，我亲自去看望去慰问，打动了他们。其实老师们很单纯，加以尊重，他们真的就会变成另外一个人。

3. 用专业成长激发内驱力

有了目标与动力，教师还需要精通专业，科学施教，这样学生才能学得更好，成长得更好。这也是提高教师动力，激发教师活力，增强职业尊严的根本所在。唯有不断成功才能让人更有尊严，更有动力。笔者确定教师成长目标为：让每一名教师都成为专家学者，都得到尊重与关爱，都享有职业尊严与幸福，都实现人生价值与意义。采取多种措施推进教师专业发展，如引领教师读书学习，常态化开展外出学习培训，每周一下午进行一个小时的专业学习，每周开展两次集体备课与校本教研，每季度开展一届班主任论坛，等等。学校还聘请教育家魏书生、语文名家黄厚江等担任教师专业成长的专家顾问。现在，读书学习、专业成长，已成为每一名教师发自内心的自觉追求。三年来，学校有200多人次获省市级教学成果或奖励。去年以来，4人次获省级以上教学大赛特等奖、一等奖。

4. 用正向评价激发内驱力

"正向评价"，即正面、积极评价，以表扬鼓励为主；而非负面、消极评价，以批评、训斥为主。好学生是夸出来的，好教师也是夸出来的。笔者提出学校管理要"拿起表扬的武器"，每季度开展一次"最美教师""最美班主任"评选表彰，每年开展一次"十大年度人物"评选表彰，每周开展一次基于听评课的"寻找最美课堂"活动并发布简报，在每学年的总结反思会议上校长都要亲自点名表扬 25% 的教师，并鞠躬致谢。在全校教师大会上被校长点名表扬，这是最令教师们感到荣耀和有尊严的事情。各类正式、非正式的表扬赞美，持续不断地激发了教师的内生动力，增强了其专业尊严和专业自信。还有，学校响亮地提出"让成绩突出者、贡献卓越者有地位、得实惠、享荣耀"，对教学成绩优异、为学校作出卓越贡献的教师破格提拔，大胆奖励，隆重表彰，更是激发了教师干事创业、争先创优的生命激情。

（二）教师自己该如何做

教师的成长说到底是自己的事。教师内驱力的激发，最终也是自己的事。教师当从以下几方面唤醒自己，激发动力，不断精进。

1. 唤醒半睡的自己

人常常有一种惰性，即习惯了、适应了原有的状态，而不管这状态是好还是不好，是积极还是消极，是正能量还是负能量。笔者把这种状态叫作"半睡"状态。"半睡"并非沉睡，是在似睡非睡之间。教师要从这种状态里把自己唤醒，去寻找、去成就更好的自己，去做更有意义更有价值的事情。就如同在早上醒来，赶快起床，去拥抱灿烂的朝阳。

2. 树立科学的理念

唤醒了自己，不满足于现在的样子，就要寻求改变。首先要从树立科学的教育教学理念开始。教育的本质功能是"育人"，而不是"育分"，教学的本质功能是通过学科教学落实立德树人，促进学生德智体美劳等各个方面全面发展，而绝不仅仅是让学生考个高分。有了科学的先进的理念，教师的行动转变就有了可能。

3. 提升价值定位

每个人都有自己的人生价值定位，你如果甘愿做一个普普通通的人，那你就永远是一个普普通通的人；你如果不甘平凡，想成就一番事业，成为一个高层次的功成名就的人，在业内非常知名、非常有影响力的人，那么如果目标实现，你就是一个非同凡响、与众不同、格局宏大的人。教师也一样，是成为一名普通的教师，还是一名成绩卓著、领导认可、同行羡慕的教师，还是一名全国知名的教育教学专家，都体现着个人的人生价值定位。当然，我们希望教师的人生价值定位要高，要当名师、成专家，活得精彩万分。

关于这一点，我想给大家说一个小故事，故事的大概意思是这样的：

从前有座山，山上有座庙，庙里有个老和尚和小和尚。有一天，小和尚问老和尚，人生最大的价值是什么，老和尚并没有直接告诉他，而是让他从山上搬一块石头到市场去卖。还叮嘱他，如果有人问价，也不要说话，只需要伸两个指头就行；如果对方还价，就不卖了，直接把石头抱回来。

于是，小和尚就在山上选了一块大石头抱到市场去卖。市场上的人们看到他卖石头都很好奇，有一位妇人问小和尚石头怎么卖。小和尚不说话，只伸出了两个指头，妇人拿出两元钱给小和尚。小和尚摇摇头，妇人就又拿出20元，说要买回去压咸菜。小和尚心想：这也太不可思议了，这就是山上的一块普普通通的石头，居然有人花20元买！

于是，小和尚听老和尚的话，没有卖，抱着石头乐呵呵地回去跟老和尚说了整个过程，并让老和尚快跟他说说人生的价值是什么。老和尚让小和尚不要着急，让他明天再把这石头拿到博物馆门口卖，如果有人问价，依然只需要伸出两个指头；如果对方还价，不要卖了，再把石头抱回来。

小和尚满心疑惑，但是依然照做了。次日早上，在博物馆门口，很多好奇的人围观小和尚。有几个人觉得，既然这块石头摆在博物馆门口，那一定有它的价值，要不怎么会在博物馆卖呢？其中一个人忍不住问小和尚石头怎么卖，小和尚没出声，只伸出两个指头。那个人拿出200元，小和尚摇摇头，那个人又拿出2000元，说要买回去雕刻一尊小神像。

小和尚听后，非常惊讶。不过，他还是遵照老和尚的叮嘱，把这块石头抱回了山上，兴冲冲地告诉老和尚整个过程，并央求老和尚快告诉他，人生最大的价值是什么。老和尚哈哈大笑，依然没有直接告诉他，只是让他把这块石头再拿到古董店去卖。如果有人问价，依然只需要伸出两个指头；如果对方还价，就不要卖了，再把石头抱回来。到时候一定告诉他答案。

于是，小和尚又抱着那块大石头来到了古董店，一边守着石头，一边听围观的人讨论：这是什么石头，是哪个朝代的，在哪儿挖出来的……不一会儿，有个人过来问价，小和尚依然不说话，只伸出了两个指头。那个人看后，说20000元。小和尚睁大眼睛，惊讶地大叫了一声。那个人以为自己出价太低，气坏了小和尚，立刻改口说200000元。小和尚惊得立刻抱起石头，飞奔到山上去见老和尚，上气不接下气地把整个过程讲了一遍。

老和尚摸摸小和尚的头，慈爱地告诉小和尚："一个人最大的价值就好像这块石头，如果把自己摆在市场上，就只值20元；如果把自己摆在博物馆里，就值2000元；如果把自己摆在古董店里，就值

200 000 元。正所谓，所在的平台不同，自己的定位不同，人生的价值也就会截然不同。"

这个故事启发我们对自己人生的思考，我们是定位在"菜市场"层次，还是"博物馆"层次，还是"古董店"层次，完全由自己决定。选择怎样的道路，定位怎样的价值，将决定拥有怎样的人生。

4. 确定人生目标

一个人有了奋斗目标，并每天为目标而活、为目标而工作，就不会无所适从、得过且过。教师的人生目标应是成长为一名让学生喜欢、家长尊敬、同事羡慕、领导肯定，在本校、区域甚至省内外有知名度和影响力的名师。无限接近或实现了这一目标，教师就能寻找到、感受到人生的成就感、幸福感。成为名师不是个别教师的专利，不是某一学科教师的专利，而是每一名教师、每一个学科教师都能做到的，只要你为之奋斗、为之付出。

笔者读过这样一个故事：有三位工匠正在砌一堵墙，有路过的人问他们在做什么。第一位工匠头也不抬地说在砌墙；第二位工匠笑着说在盖一座大高楼；第三位工匠擦擦汗水，乐呵呵地说在建一座崭新的城市。时光荏苒，十年之后，第一位工匠依旧在另一处工地上重复着砌墙的工作；第二位工匠则成了一名工程师，坐在办公室里看着图纸；第三位工匠呢，已然成了前两位的上司。

这个故事说明，人要有自己的奋斗目标，且目标要远大，要有大的格局。教师一定要确定自己的人生目标，而不要像那位"砌墙"工人一样，当一辈子"教书匠"。

语文特级教师、全国师德先进个人、全国首届十大明星校长、南京市北京东路小学原校长孙双金老师在工作初期就立志要做一名"好老师"。他对"好老师"的认识是在教学实践中逐步提高的，大致可以分为三个发展阶段：

第一阶段，刚刚走上讲台时，他希望当每次上完公开课，凡是听课的人都满口称赞。第二阶段，有了几年的教学实践后，他觉得光上好课还不够，还必须把教书与育人结合起来，做到爱学生、能上课、有思想。第三阶段，在取得了一定教学成绩、奠定了一定发展基础后，他把自己所追求的目标进一步提高，定位为成为著名的特级教师，希望形成自己独特的教学思想和鲜明的教学风格，始终走在国家教学改革的前沿。从以后孙双金老师已经取得的成就与影响来看，他的"小目标"可以说已经实现啦。

调查显示，名师中占比达87.9%的人一入职就有明确的职业发展目标；81.8%的人会根据教育改革与发展的需求以及自身教育教学实践，不断调整自己的职业发展目标，使职业发展目标更好地契合自身状况。

目标是成功者的指南针。美国著名成功学家卡耐基说："有了目标，内心的力量才会找到方向，茫无目的地飘荡终会迷路。而你心中那座无价的金矿，也会因未被开采而与尘土无异。"

5. 个人发奋努力

个人努力是取得事业成功的主要力量。外因是条件，内因是依据。习近平总书记指出："幸福是奋斗出来的。"教师的专业成长同样如此，自己不想发展，自己不努力发展，是永远发展不了的。

语文特级教师、全国优秀教育工作者李镇西是一个不断在学习、在求索的思想者。他学苏霍姆林斯基、学陶行知，成为名师后毅然去攻读博士。他不断地实践、不断地阅读、不断地思考、不断地写作，于是他由一位年轻的、不太懂教育的教师，成为现在人们眼中的"名师"，成为"苏霍姆林斯基式的教师"。

那么，年龄偏大的教师反正快要退休了，是否就不需要努力了呢？不是的。村上春树说："人变老不是从第一道皱纹，第一根白发开始，而是从放弃自己那一刻开始，只有对自己不放弃的人，才能活成不怕老、不会老的人。"

让人不老的特质必须有一颗童心，注重仪表，经常旅行，心地善良，学习到老，生活有情调，坚持运动，心态年轻。

调查显示，60.6%的教师认为，成长为名师主要得益于个人努力。对于"成长为名师最重要的影响因素"调查选项，选择比例最高的是"自主学习和研究"；对于"成为名师的最大障碍"选项，选择比例最高的是"自我认识不足"。

这些结果都表明，大部分教师充分认识到发挥主观能动性是成长为名师的关键。自主学习既表现为强烈的学习愿望，又表现为具体的学习行动。

6. 寻找专业榜样

除了身边的榜样，教师应面向全省全国寻找名师大家，作为自己学习和追赶的目标和榜样。中国教育名家如马相伯、蔡元培、张伯苓、陶行知等，当代教育名家于漪、顾明远、叶澜、魏书生、朱永新、李希贵、李吉林、冯恩洪、成尚荣等，当代教学名师于永正、华应龙、吴正宪、闫学、周益民、王崧舟、窦桂梅、程红兵、吴非等，国外教育名家如夸美纽斯（捷克）、洛克（英国）、皮亚杰（瑞士）、尼尔（英国）、布鲁纳（美国）、苏霍姆林斯基（苏联）、杜威（美国）等，这些都是我们学习的榜样。我们不一定成为他们、超越他们，但会接近甚至无限接近他们。

专业榜样是教育名家、名师成长的重要支撑力量。调查显示，75.8%的教师认为，与同伴之间的交流合作大大促进了自身专业发展；87.9%的教师选择"专家引领和帮助是专业成长路上的重要力量"。

儿童教育家、江苏省首批特级教师李吉林在回忆自己的成长经历时，总忘不了单位同事和领导对自己一贯的关心和支持。李老师在刚参加教育工作的第二年，由于表现突出，学校向市教育局推荐她到省教育厅参加小学教科书、教辅资料的编写工作，使她有机会接触到省里的一些领导和专家，这对她后来的成长与成功不无影响。

数学特级教师、厦门一中原校长、2017年"当代教育名家"称号获得者任勇老师认为，优秀教师是善于向同事学习的教师，可以向名师学习，也可以向一般教师学习；可以向本校教师学习，也可以向外校教师学习；可以向年长的教师学习，也可以向年轻的教师学习。取人之长，补己之短，改进教法，不断提高自身素质和教学水平。遇事，特别是遇到重大问题，大家一起商量，请同事们多谈自己的看法，相互交流，彼此合作，分享经验，分享智慧，化解难题。

7. 增强责任担当

教育是培养人、发展人、塑造人的神圣的职业。一旦从事了教育工作，就意味着接受了一份沉甸甸的责任和担当，而且要用一生为这份责任与担当去付出。有了责任和担当，我们便没有理由不去好好教学，不去好好对待每一个学生，不去好好考虑自己的专业发展。因为只有自己专业化程度更高，才能更好地履行这份责任和担当，成长发展的动力才会更足。

8. 让自己积极起来

"积极"就是主动行动，而不是被动应付，积极的人生和消极的人生是完全不一样的。只有每一天都积极起来，才能感觉到是我们掌控这个世界，而不是被这个世界牵着鼻子走。即使遇到不顺心、不愉快的事情，也在预料之中，也会从容应对。教师应追求积极的教育人生，主动工作，自主发展，勇敢向前，努力奋斗，便会收获幸福的教育人生。就像卡耐基在《积极的人生》中倡导的那样，征服畏惧，培养自信，扬起热忱，改善人际关系，激发个人潜能，走向积极的人生。

9. 增强自我效能感

对教师来说，自我效能感就是教师认为自我能对学生的学习与成长产生积极影响，以及自我发展能达到什么目标的动力和信念。教师要相信自己的能力，相信通过自己的努力，不仅会改变学生的学习成长，而且自己在专业上也会不断发展，不断地激励自我、理解自我、展示自我、发展自我，逐步形成积极的自我认同。

10. 打开成功的突破口

"我什么也不行，我从哪里突破呢？"很多教师可能这样问。教师首先不要自卑，每个人都是一个奇迹，每个人都有他人无法企及的优势，只要我们认识到并开发出自己的优势，从优势着手，便会一步一步走向成功。譬如，有的教师擅长写作，可以从写教学反思入手，通过发表个人学术文章打开成功的突破口；有的教师表达能力强，可以通过演讲获得学生的拥戴；有的教师书法很好，可以用自己的字征服学生；有的教师擅长管理，可以当一名优秀的班主任，等等。人生最大的缺憾是没能发现自己蕴藏的优势，只要发现并打开了自己的优势，成功便离我们不远了。

第二章

修炼阅读力：教育家型
教师滋养生命大树的源头活水

阅读是为了活着。

——福楼拜

当下和未来时代的竞争，从本质上说都是学习力的竞争。学习是人类生存和发展的重要手段，一个人、一个单位、一个国家、一个民族如果不注重学习，不持续学习，便无法成长发展，无法成就大业，甚至会慢慢被历史淘汰。作为承担开启心智、完善人格、点亮生命、传承文明神圣使命的教师，更要把学习放在职业生命的首位，通过学习不断提升素养、丰盈生命。

阅读是提升学习力的主要手段和途径。一个人的思想需要读书来开化，一个人的心灵需要读书来浸润，一个人的精神需要读书来培育。苏霍姆林斯基说："无限相信书籍的力量。"修炼提升阅读力，是每一名教育家型教师滋养生命大树的源头活水。可以这么说，名师是"读"出来的，教育家型教师是"读"出来的。不管未来人工智能和自动化技术多么发达，阅读，特别是纸质阅读，将仍然是学习的主要手段。

一、阅读的价值意义

阅读到底有多么重要？

（一）从国家和民族的视角来看，阅读是一个国家和民族领先世界的秘密武器

当今世界，大凡综合实力强大的国家，或者生命力强盛的民族，都是善于读书学习的，读书学习是他们持续强大的秘密武器。

以色列是一个善于学习的国家，据统计，犹太人一年人均读书 60 多本。据说，犹太人一出生，父母便在《圣经》上抹上蜂蜜，让孩子舔食，让孩子从小就知晓读书是甜的。有一句话说："世界上的钱在美国人的口袋里，美国人的钱在犹太人的头脑里。"从另一个侧面说明，读书学习让犹太人更有知识、更有聪慧。以色列虽然是一个小国，国土面积约 2.574 万平方公里（实际

控制），比我国的海南省还要小，总人口955.06万（截至2022年），比我国的某些地级市的人口还要少，但以色列的尖端技术、军事实力、国际影响力非常大，是国际政治家眼中的重要"关键小国"，可以说主要得益于这个国家崇尚学习、善于学习。

日本有"读书王国"之称。日本人超级喜欢读书，不管是大人、小孩还是老人，不管是在地铁、电车，还是在书店里，读书的人都很多。因此，日本的书店很多，书店很大，好书很多。日本人读书看报的风气非常浓厚，无论报纸、杂志还是图书，无论国际时事还是政治、历史、科学、艺术等，他们都感兴趣。按照日本法律规定，凡是出版社出版的书籍，都有义务赠送给国会图书馆一本，日本国会图书馆是目前亚洲最大的图书馆。此外，日本六大报纸每天都在第一版到第三版刊登新书、新杂志的广告。

在日本，读书不只是年轻人和一般职员的事，政治家和大小老板、经理也有浓厚的读书风气。据调查，日本中小企业的总经理平均每月读书3.5本左右，每天的读书时间约为一个半小时。有钱人可以不读书的想法在日本是行不通的。任何一个在社会上有地位或在学术上有影响的人都得不断地学习，否则，就会受到轻视甚至讥讽，认为他成了"没用之人"。在日本学术界，许多年逾古稀的老学者还活跃在社会上，参加各种活动，继续研究并发表研究成果。在日本，文人学者的社会地位非常高，广受人们的尊敬。

日本人一向认为，学习是一辈子的事，他们养成了离校后仍然继续学习的习惯。大学生毕业后就业，还要接受专门训练。毕业生刚就业时被称为见习生，要长期接受特殊训练，然后才能成为一名普通职员。熬上普通职员也要时常参加各种学习班。如果单位里没开办学习组织，则安排职员到外面学习或鼓励他们自学。

美国人也是非常重视读书、善于学习的。美国人对孩子从小就开发阅读能力，且很富创造性。国际教育成就评估协会2015年调查结果表明，美国孩子具有比世界其他任何国家的同龄孩子更强的阅读能力。美国学生具有超强阅读能力的有力例证之一是，同样是小学四年级学生，能阅读中等难度的成人报纸者在美国孩子中占78%，能阅读难度较高的文学名著者占46%，比国际平均水平分别高出27和21个百分点。此外，美国孩子的阅读面也比其他国家同龄孩子要宽，涵盖了《圣经》、外国古典名著和较浅显的科学理论文章等，而此类较深奥的作品，其他国家的孩子往往要再过至少2年才有能力开始系统地阅读。特别是，美国人注意培养孩子从小对"广义阅读"的兴趣，早在孩子开始认字之前，每每见到动画片海报、浅显的路标、布告、门牌等等，家长便停下来跟孩子一起阅读。美国人认为，阅读不应限于读"书"，凡是幼年时期对广义的阅读感兴趣的孩子，长大了自然也会爱读书。

（二）从企业视角来看，阅读是一个企业不断发展壮大并立于不败之地的秘密武器

重视读书学习是所有卓越企业和企业家的共同品质。世界上的著名企业家都是善于读书学习的：

被称为世界第一首席执行官的通用公司前首席执行官杰克·韦尔奇说："你可以拒绝学习，但你的对手不会。"

"全球十大最具创意和成功商人"李嘉诚每晚必读书，几乎每天晚上睡觉前，一定要读半小时的新书。他说，自己12岁就开始做学徒，还不到15岁就挑起一家人的生活担子，自己当时非常清楚，只有努力工作和求取知识，才是唯一的出路。他有一点钱就去买书，书的内容都记在脑子里面了，再去换另外一本。记者问李嘉诚："你感到最幸福的事是什么？"他回答："一是看到自己喜欢的好书；二是与朋友一起参加有意义的活动；三是与朋友天南地北地聊天。"

比尔·盖茨在《未来之路》中提出："要想掌握商业分配的原则，只有一

点：学习。"而战胜竞争对手最快最好的方法，就是怎样比对手学得更快更好。谁学习的速度快，谁就会成为赢家。

华为创始人任正非出生在贵州省一个小山村，父母都是乡村中学教师，自小家境贫寒。但在父母的坚持下，荒乱年代的他养成了读书学习的好习惯，锤炼提升了阅读能力。语言、数学、电子、逻辑、哲学，他在这些学科上苦下功夫，还将4本厚厚的《毛泽东选集》视为圭臬，一有时间便细细研读、慢慢品味。作为叱咤商场30余年、管理着18万人、拥有销售过2000亿元企业的商业大佬，任正非在读书方面堪称"达人"。他读书兴趣广泛，经济、军事、历史、哲学均有涉猎。任正非乘飞机的标准配置是：一个人、一个拉杆箱、一本书。多年的阅读经验，使任正非的阅读速度变得非常快，4个小时的飞机，别人睡一觉的工夫，他便把300页的书读完了。读书多了，知识内化成智慧，任正非形成了自己独特的管理哲学体系。刚柔并济，双管齐下，才成就了如今服务170个国家或地区、覆盖超过世界三分之一人口、令美国胆战心惊的华为。

新东方创始人俞敏洪也是一位热爱读书的企业家。他曾经深有体会地说："优秀的书籍就像难得的朋友，在你不需要的时候，你感觉不到它们的存在；在你需要的时候，它们总是及时地来到你的身边，忠诚地守候在你生命的左右，随时宽解、充实你那不安、寂寞的灵魂。"

家居业的著名企业红星美凯龙公司非常重视员工的读书学习，每年都为员工报销200元书费。为了将学习成果落地，公司还专门成立了"读书分享委员会"，各个部门每个月都分别召开会议，讨论大家从书中获得的知识和启发。红星美凯龙公司要求其管理人员将三分之一的时间用来学习，另外三分之二的时间用来培训和调研，对普通员工也要求每年至少读5本书。从2002年开始，公司向每个管理人员的家庭赠送一个书柜，试图将学习触角伸向管理层的"8小时之外"。为让学习革命开展得更加深入，公司甚至要求员工家中的书柜里要有30本书以上，每个人的包里也必须有一本书，因为在飞机、火车上打开就可以看，要是飞机晚点，说不定就能看完一本书。

（三）从个人成长和发展视角来看，阅读是一个人走向成功的秘密武器

古今中外的伟人、大师、名家，都具有较强的读书学习能力，在某种程度上可以说，是读书学习成就了他们的伟业，成就了他们的盛名。

毛泽东为什么能够领导中国共产党最终推翻三座大山，建立新中国？毛泽东的智慧谋略从哪里来？从读书中来。读书成了毛泽东的主要生活方式、生活习惯。他说："欲知大道，必知文史。""饭可以一日不吃，觉可以一日不睡，书不可以一日不读。"

中华人民共和国成立后，毛主席工作繁忙之余，仍总是挤出时间来看书学习。在他中南海的故居中，到处都是书，甚至连床上都是书，只剩下一个人躺卧的位置。

毛主席利用一切可以利用的时间读书。在游泳下水之前活动一下身体的几分钟里，有时还要看上几句名人的诗词。游泳上来后，顾不上休息，就又捧起了书本。连上厕所的几分钟时间，他也从不白白地浪费掉。毛主席外出开会或视察工作，常常一带就是几箱子书。途中，列车震荡颠簸，他全然不顾，总是一手拿着放大镜，一手按着书页，阅读不辍。

毛主席晚年虽重病在身，仍坚持阅读。有一次，毛主席发烧到39度多，医生不准他看书，他难过地说："我一辈子爱读书，现在你们不让我看书，叫我躺在这里，整天就是吃饭、睡觉，你们知道我是多么难受啊！"工作人员不得已，只好把拿走的书又放在他身边，他这才高兴地笑了。

毛主席的读书兴趣很广泛，哲学、政治、经济、历史、文学、军事等社会科学以至一些自然科学书籍无所不读。在毛主席阅读过的书籍中，历史方

面的书籍是比较多的。中外各种历史书籍，特别是中国历代史书，毛主席都非常爱读，从二十四史、《资治通鉴》、历朝纪事本末，到各种野史、稗史等他都广泛涉猎。他历来提倡"古为今用"，非常重视历史经验。他在他的著作、讲话、报告以及谈话中，常常引用中外史书上的历史典故来生动地阐明深刻的道理，他也常常借助历史的经验教训来指导和对待今天的革命事业。毛主席对中国文学方面的书籍，也读得很多。《诗经》、《楚辞》、汉魏六朝、唐、宋、元、明、清等朝代的文学作品等都是他爱读的。外出时，毛主席常常把这些书带在身边。在20世纪70年代的一次会议上，谈到读《红楼梦》的时候，他深有感触他说："至少读五遍，才有发言权。"其实，有些小说，他何止读五遍呢。经济方面的著作，及各种自然科学书籍，毛主席读得也是很多的。他是一个真正博览群书的人。

习近平总书记也指出："领导干部如果不加强读书学习，知识就会老化，思想就会僵化，能力就会退化，就难以做好工作，就会贻误党和人民的事业。"党员干部只有爱读书读好书善读书，才能够开阔眼界、增长知识，才能够治心养性、提升境界、远离低级趣味，增强拒腐防变的能力，并拥有一个宁静的心态、理智的头脑以及开放的胸怀。

2018年3月刚刚去世的霍金，被誉为爱因斯坦之后世界上最杰出的理论物理学家。霍金的成功在很大程度上得益于家庭的读书氛围和霍金从小养成的读书习惯。霍金的父母有空就让孩子读书动脑思考问题，有钱就花在孩子读书上面。霍金的家里连家具都不全，但随处可见的是一堆堆的书。这些书或是父母买来的，或是从图书馆借的。即便是开车旅行，他们也会带书放在车上，人到哪，书到哪。霍金一家人都爱读书，他们最喜爱的集体活动就是集体看书。一家人都不爱说话，在餐桌上也经常是爸爸妈妈、霍金和两个妹妹每个人捧着本书边看边吃，偶尔遇上精彩的内容就交流几句心得。浓厚的读书氛围、良好的读书习惯助推了霍金的学习成长，他思路活跃、博览群书，还喜欢动手设计各式游戏，最终轻轻松松考上了牛津大学，慢慢成长为杰出的物理学家。

（四）从修身养性视角来看，阅读是一个人提升修养丰盈生命的秘密武器

人生苦短。每个人都想把自己的人生过得有意义、有价值，过得有情趣、有境界，过得平静从容、行稳致远。如何实现这一目标呢？读书。梁实秋说，一个人最好的修养，就是读书。钱穆说，读书可以培养情趣，可以提高境界。

1. 读书可以让人悟道

"道"是什么？"道"包括"天道"和"人道"。"天道"主要是指不以人的意志为转移的客观存在、客观世界的运行规律。宇宙万物自有其运行规律，人类无法抗拒，必须遵循，譬如日月星辰、四季更替等，人类无法改变，只能适应。"人道"主要指做人处事的规则、道理、智慧。做事先做人。读书可以学到谋略方略。毛泽东深入阅读，研究四书五经、经典名著、帝王纪传，学到了很多经典谋略、治国大略、军事方略。《周易》是中国最古老的文献之一，被尊为"儒门圣典""群经之首""大道之源"，其中的不少经典论述成为中国人做人处事的座右铭，譬如"天行健，君子以自强不息""地势坤，君子以厚德载物"便教导我们要效法天地之道，自立自强、奋发向上，要有宽容之心，用深厚的德行来包容万物。

2. 读书可以让人修德

人无德不立。孔子说："德不孤，必有邻。"作为一名教师，首先要做一个道德高尚的人，才能卓立于天地之间。教师必须具备应有的师德规范，做一名既专业过硬又师德高尚的"师者"。习近平总书记对教师提出了"四有"要求：有理想信念，有道德情操，有仁爱之心，有扎实学识。其中，道德情操和仁爱之心都属于师德范畴。很多老一辈教育家都是师德高尚的典范。教

育家于漪说过："你既然选择了当教师，你就选择了高尚，你就必须用高尚的标准来要求自己，用一个人民教师的良知来告诫自己，自己是教师，和市侩不一样，不能把教书当生意做，从学生身上揩油；不能把知识当商品贩卖，捞取高额回报。如果那样的话，一名教师的道德行为底线就崩溃了。"读书使人明理明德，明荣知耻。读书的过程实际上也是修炼道德、陶冶情操的过程。因为书籍都是人类智慧的结晶，书籍都是蕴含正能量、弘扬正能量的载体，读书就是与名家大师的心灵对话。

3. 读书可以让人养性

所谓"养性"，即修养身心，涵养天性。"人之初，性本善。"人的性格本是天生的，但通过后天的读书，可以汲取营养，滋润心灵，锤炼性格，开阔眼界，提升境界，涵养气质。我们常说某人有"儒雅之气"，这种"儒雅"的气质从何而来？从读书中来。"腹有诗书气自华""书中自有颜如玉、书中自有黄金屋"说的便是这个道理。读书多了，人还可以变得更有胸怀，更有风度，更有气度。这种变化是潜移默化、悄无声息的。

4. 读书可以让人静气

"气"是生命活动的原动力，"人活一口气"。人要活得有意义有价值，有存在感、幸福感，就要涵养正气、精气、大气、锐气，万万不可有浮躁之气、急功近利之气。特别是教师，涵养静气相当重要。而只有读书，才能让人远离浮躁社会、喧嚣尘世，才能淡泊以明志、宁静以致远，才能守得清闲、耐得寂寞，全身心投入立德树人、教书育人的伟业之中，才能平静坦然地度过每一日、每一月、每一年，才能让自己的职业生命饱满丰盈。

二、教师阅读书目的选择

当下出版物种类繁多，报纸杂志琳琅满目，网络阅读资源铺天盖地，鱼龙混杂、泥沙俱下。因此教师阅读要有选择，要摒弃功利化、泛娱乐化。按照陶继新先生的观点，教师读书走向要"取法乎上"，才能"得乎其中"，要读好书、经典书。从教师这个特殊的群体来看，教师读书选择要从两个角度来考虑。

（一）从促进专业成长角度

1. 要读教育理论类著作

教师从事了教育工作，就要研究教育理论，用先进的教育理论指导自己的教育实践。朱永新说："教育的生命力来自实践，但要驾驭实践，最终取决于理论功底。"苏州十中原校长柳袁照说："办学校搞教育需要有理论的提升。认识的境界有多高，实践的境界才可能达到多高。"广大基层教师大多实践经验丰富，但往往理论修养不够，只知道"下位"的东西，而不知"上位"的东西，只知道"这样做"，但不知"为什么这样做"。很多教师搞课题研究、撰写教学论文缺乏深度，实际上就是缺乏理论高度。因此，教师首先要读教育理论类著作，中外教育名家的都要读。理论是根，实践是叶，根深才能叶茂。

2. 要读学科教学类著作

学科教学是教师的主要职责。教师几乎每天都在从事学科教学工作。所以，关于学科教学类的书籍要多读，学科知识类、学科教学方法类、学科专业发展类、学科教学指导类的书都要读。学科专业类的书是教师首先要多读的，只有教师的学科专业知识宽广深厚，才能在教学过程中厚积薄发、挥洒自如、精准施教。苏霍姆林斯基在《谈谈教师的教育素养》一文中指出："关于学校教学大纲的知识对于教师来说，应当只是他的知识视野中的起码常识。只有当教师的知识视野比学校教学大纲宽广得无可比拟的时候，教师才能成为教育过程的真正的能手、艺术家和诗人。"学科课程标准（以下简称"课标"）也是教师应该认真研读的，因为课标是教师学科教学的"宪法"，是

"指南针"，是方向。方向比能力更重要。方向正确是行动正确的前提，否则一切努力都等于零。

3. 要读教育管理类著作

教师在履行学科教学职责的同时，还承担着班级管理、学生管理的任务。管理与教学同步，也是提高教学成效的基础和前提。因此，教师要读教育管理类的著作，特别是要多读班级管理、如何当好班主任之类的书籍。企业管理和教育管理在很多方面是相通的，企业管理方面的书也必须读一些。北京十一学校原校长李希贵就读过很多企业管理方面的专著，吸取其中的先进管理经验"嫁接"到教育工作中，譬如《掌握人性的管理》《经济史中的结构与变迁》《马斯洛人本哲学》《领导学》《远景》《领导力》《卓有成效的管理者》《管理工作的本质》《六西格玛管理》《关键绩效指标》等经典著作对他影响很大。李希贵校长在北京十一学校进行了成功的组织变革，其中的很多智慧都来源于企业管理。

4. 要读教育学和心理学类的著作

教育学是一门研究教育现象、教育问题及其规律的社会科学，它通过对教育现象、教育问题的研究来揭示教育的一般规律；心理学是一门研究人类心理现象及其影响下的精神功能和行为活动的科学，其研究涉及知觉、认知、情绪、思维、人格、行为习惯、人际关系、社会关系等许多领域，也与日常生活的许多领域——家庭、教育、健康、社会等发生关联。教育学和心理学是师范类大学生的必修课程，也是教师从事教育工作的基础性课程。对这两类书籍，教师要认真读、研究透，还要学以致用。这是当一名合格教师的基本条件。

5. 要多读教育类报刊

像《中国教育报》《中国教师报》《人民教育》以及各省、市、自治区的权威教育报刊等，会及时刊登国内外最新教育政策、教育动态，以及全国各地的治校办学、教书育人先进经验做法，对教师了解国内外教育发展形势，学习借鉴先进的教育思想、教学方法，开阔视野、提升境界具有十分重要的作用。

（二）从完善人格涵养生命角度看

从这一角度看，教师要读古今中外的经典名著、大家专著。

什么是"经典"呢？用陶继新先生的话说，经典就是"经由时间的流逝，大浪淘沙，仍然定格在有文化品格者的心灵层面的、他所挥之不去的、能不断引领人的生命成长的精神产品"。中国的经典名著，譬如《论语》《孟子》《大学》《中庸》《春秋》《道德经》《史记》《资治通鉴》《三国演义》《水浒传》《红楼梦》《西游记》等经典文学、史学、哲学著作，当代中国作家巴金、丁玲、鲁迅等作家作品，新时期知名作家王蒙、张贤亮、刘绍棠、蒋子龙、刘心武、张洁、高晓声、路遥、贾平凹、莫言等作家作品；外国的经典名著，譬如《简·爱》《浮士德》《红与黑》《巴黎圣母院》《钢铁是怎样炼成的》《呼啸山庄》《悲惨世界》《战争与和平》《堂吉诃德》《莎士比亚全集》《双城记》《基督山伯爵》《茶花女》《哈姆雷特》《十日谈》《老人与海》等；教师可根据自己的兴趣和喜好选择阅读。

阅读经典就是与经典著作中的人物相遇，与他们进行心灵的对话，感受人世间的爱与恨、是与非、真与假、美与丑、善与恶，从而提升思想境界、涵养人格心灵、丰盈精神世界，从而让自己变得更加知性、更加优雅、更加美丽。

三、教师读书的方法

根据笔者的体会，教师读书要灵活运用以下方法：

（一）"精读"与"粗读"相结合

书的世界如浩瀚的海洋，无边无际，教师可读的书有很多很多。但如果什么书也逐字逐句逐段精读是不可能的，因为人的时间和精力是有限的，而且有些书也是不需要精读的。所以，要学会精读与粗读相结合。需要精读的就逐字逐句逐段逐章去读，甚至一遍又一遍地读；不需要精读的便可大体浏览，或者选读自己关注的、需要的、精彩的章节、片段，达到阅读的目的即可。

（二）"默读"与"朗读"相结合

成人阅读，大多默读。默读是常用的方法。但有些经典书籍、精彩篇目、精美章节，特别是诗词歌赋，可以在家里，到公园、山上等不影响其他人的场所大声朗读，通过朗读体会其形式美、音律美、内涵美。

（三）"读"与"诵"相结合

经典文章、篇目、章节需要背诵。像《论语》，像唐诗宋词元曲等，能背诵得越多越好。多背多记，对启迪人的语言思维、提高人的表达能力、提升人的文化素养大有裨益。毛泽东在读韩昌黎诗文全集时，除少数篇章外，都一篇篇仔细琢磨、认真钻研，通过反复诵读和吟咏，大部分诗文都能背诵。

（四）"读"与"抄"相结合

笔者读书的习惯是一边读、一边抄，抄经典片段、精美语句。这些片段和语句常常拿出来赏析，久而久之便能诵记。

（五）"读"与"辩"相结合

读与辩相结合，即常常和读同一部书的同事好友谈论、交流，谈个人的心得体会，交流思想，碰撞思维，加深对图书内容的理解。

（六）"读"与"批"相结合

读与批相结合，即一边读，一边圈画或作批注。毛主席读书就有批注的习惯，每阅读一本书、一篇文章，都在重要的地方画上圈、杠、点等各种符号，在书眉和空白的地方写上许多批语。毛主席所藏的书中，许多是朱墨纷呈，批语、圈点、勾画满书，直线、曲线、二直线、三直线、双圈、三圈、三角、叉等符号皆有。

（七）"读"与"听"相结合

有些书都配有诵读光盘，在家里、在车上听也是很好的阅读方法。在车上听书，还解决了没时间读书的问题。

四、名师读书案例

教师这一职业的核心职责是教书育人、立德树人，是培养人、发展人、完善人。要履行好这一神圣职责，教师必须学识渊博、品德高尚，必须与时俱进、紧跟时代。进一步说，教师要想从合格到优秀、从优秀到卓越，要想成长为名师，不断读书学习、终身读书学习是必要必需的途径。以下名家、名师读书的案例充分证明了这一点。

（一）叶圣陶

叶圣陶是我国著名的教育家。他自幼听书、读书，以后又教书，成为影响中外的教育大家。叶圣陶提出了著名的"三步读书法"，值得我们学习和借鉴。"三步读书法"就是在阅读时分初读、复读、再读三步进行。

怎样初读？叶圣陶认为，初读要经过三个环节：求疑、答疑、复核。于无疑之处求有疑，初读务求找出问题来。小疑则小进，大疑则大进。初读不疑，等于不读。有了问题，接着要依据平时的阅读经验、生活或工作的体会，自求解答。有疑问不轻易求人，在百思不得其解时，才看参考书或求教他人。这种答疑过程中就有长进。自己求得了解答，还得验证它是否正确，这就要用注释或参考书来检验，在检验过程中辨明真伪、求取真知。

求疑、答疑、复核三个环节中，叶圣陶强调的是读书过程中的思考。如果一味读书而不思考，就会因为不能深刻理解书本的意义而不能合理有效利用书本的知识，甚至会陷入迷惘。而如果一味空想而不去进行实实在在的学习和钻研，则终究是沙上建塔，一无所得。这就要求我们只有把学习和思考结合起来，才能学到切实有用的知识，否则就会收效甚微。即初读的核心是建立在思考基础上的问答。

怎样复读？叶圣陶的做法是："又复读一遍，明了全篇或全章全节的大意。"假如把初读中的自问自答视作条分缕析的钻研，那么，复读中的观其大意，就是站在高处，综合归纳。唯有分析，才能了解书的细节；唯有归纳，才能对全文的脉络、思路、要点、中心等了如指掌。前面的两步，其实就是我们常说的"分析法"与"归纳法"，等训练到了一定的阶段，手上进行的还是两步，但脑子中已经是合二为一了。

叶圣陶认为，好文章还需要"最后细读一遍，把应当记忆的记忆起来，应当体会的体会出来，应当研究的研究出来"。如果说第一、二步是钻到文章里面去，第三步就变成了从文章中跳出来，它的目的是吸收、创新。学懂的内容，要记牢，要体会；对于能改造、创新的，就要下一番研究功夫，使认识不断深化，以转化为自己的成果。

（二）陶继新

陶继新，教育学者，山东教育社原总编辑，曾荣获《中国教育报》2005

年度推动读书十大人物、第四届中华优秀传统文化教育年度人物卓越贡献奖。他以孔子的"己欲立而立人，己欲达而达人"为座右铭，持之以恒而又取法乎上地诵读经典，行走于大江南北，为教师等开办读书讲座，出版了《做幸福的教师》等专著50余部。

对于如何阅读经典书籍，下面是陶继新在接受《中国教育报》记者采访时的回答：

一是"读书百遍，其义自见"。上世纪80年代，我初读李泽厚先生的《中国古代思想史论》《中国近代思想史论》《中国现代思想史论》《美的历程》等哲学与美学著作，开始感觉有些吃力，但我没有放弃，而是一遍一遍地读。后来，不但读懂了，还读出了韵味。

二是先要读透一本经典。比如读《论语》，始于1983年我在曲阜师范教学的时候。学校与孔庙相邻，每天夕阳西下，只要没有特殊事情，我都要到孔庙里走一走。当时就想，我应当追寻孔子的足迹，学习他的哲学思想与教育思想。承载孔子思想最佳的载体是《论语》，我开始阅读《论语》。可是，读了两遍之后，尽管对其中的不少字词意义有了初步了解，可仍感觉孔子的思想依然是"飘在天边的云"。后来我调到山东教育社工作，又继续阅读了两遍，孔子的思想在我的大脑中还是呈现着"惚兮恍兮"的形态。此后，我便开始背诵。此外，我又把朱熹的《论语集注》、钱穆的《论语新解》、李泽厚的《论语今读》、张居正的《论语别裁》、杨伯峻的《论语译注》等各读了十多遍，有的还作了记录。这样，我才基本走进了《论语》思想及其语系。而读懂了《论语》，再读《大学》《中庸》《孟子》《荀子》《学记》等其他经典的时候，就感到相对轻松。朱熹的《朱子读书法》对此有着详细的论述。曾国藩也有"一书不尽，不读新书"之说，尽管有些绝对，但却对我们研读古代经典，有着很大的启示。

三是精读世界名著。世界经典文学名著，不能走马观花地读，而是要一心一意地精读。读得多了，就会让你在喧嚣的当下，始终拥有一颗澄明的心，并在与学生生命相遇的时候，给他们以特殊的心理慰藉。同时，大师们的语言也会让自己的语言渐渐变得诗化与美妙起来。这样，教学的时候，自己也常常会因为脱口而出、妙语连珠而欣慰不已，学生则会享受来自师者的妙语佳音。于是，不管是教，还是学，都会像自由遨游于大海之中的鱼儿一样悠哉游哉，幸福不已。

（三）华应龙

华应龙，著名数学特级教师，他的"化错教育"闻名遐迩，出版《我这样教数学》《我就是数学》《个性化备课经验》等著作。

华应龙认为，一个人成为名师，一定与读书有关。华应龙说，他的工资很大一部分用在买书上；节假日里，别人打牌消遣，他却啃着馒头看着书；搬家时有孩子以为他是卖书的。

对于教师工作忙，没有时间读书这个问题，华应龙认为，教师的工作确实十分繁忙，不过，他说："因为没有时间读书，所以我们工作很忙。"实际上，阅读是一种积极的偷懒。忙过了一阵子，抑或忙得没有头绪，他会随手翻开《中国教育报》《光明日报》《人民教育》等报纸杂志。他觉得阅读是一种享受，一种片刻的悠闲、陶然的幸福。并且，这样也算是读书了，不会有"一日不读书，便觉面目可憎"的感觉。如此的"偷懒"，或许还能"偷巧"，获得某种启发和指引，有助于手头工作的完成。

对于目前有一种观点认为，读书不能改变教师的生活状况，为什么还要读书这个问题，华应龙认为，读好书可以激发我们的创造力，提升我们解决问题的能力。这方面的故事很多。老师们喜欢听华应龙的课，往往就是因为他的课总是创新的。

对于如何读理论类书籍，华应龙认为，读理论类书籍时心要平静，不要寄希望于读了某一本理论书籍，就能立竿见影，也不要寄希望于整本理论书籍都是金玉良言，可能某一章、某一句读了受用就够了。读理论类书籍时不能急躁，因为自己的学养不够，读了一遍，不知所云的感觉常常会有。随时回头，读第二遍、第三遍……读的次数多了，对内容的理解会越来越深，学养也日益丰厚。

对于怎样读书，才能收获最大，华应龙认为，有的人读书能读出很多东西，有的人却收获很少，其间的差距，主要在阅读的厚度上。读书，得意而忘言，才是真正的读懂、读透。读书破万卷，关键在于一个"破"字。而读破，就是反复阅读。遇到好文章，他一般都读上三四遍，一读内容，二读结构，三读气度。

（四）汪正贵

汪正贵，青岛中学执行校长，教育博士，教育部中小学校长国家级培训首批专家，安徽省马鞍山二中原校长。初次见到汪正贵的人都说，一看汪校长就知道他是个读书人，浑身散发着儒雅之气。的确，汪校长喜欢读书，读了大量的中外教育经典。读书陪伴了他的专业成长，滋养了他的教育人生。汪校长在《校长高参》发表过一篇文章《滋养过我的十部教育经典》，这十部经典是：

（1）杜威《民主主义与教育》。汪校长说，在世界教育史上，无论如何绕不开的一个人就是杜威（1859—1952），甚至我们可以说，杜威是教育史上的一个转折性人物，承前启后，既是传统教育的改造者，也是新教育的拓荒者。

杜威的《民主主义与教育》和《我的教育信条》是两本必读的书。在这两本书中，杜威批判了传统的学校教育，并就教育本质提出了他的基本观点："教育即生活"和"学校即社会"。

（2）苏霍姆林斯基《给教师的建议》。汪校长指出，作为一名教育工作者，如果不读苏霍姆林斯基的作品，是一种无法弥补的缺憾。特别是对于新入职教师来说，苏霍姆林斯基的书是非常好的教育启蒙，他教给我们正确的学生观和教育观。《给教师的建议》是所有从事教育的人的必读书。

（3）陶行知《中国教育的觉醒》。汪校长这样评价陶行知："我们甚至可以说，陶行知的教育思想是后现代的。他的教育思想起点很高，仿佛天外来客，纯粹、高尚、无半点杂质，没有丝毫那个时代的污染，如一颗颗晶莹的明珠，虽经时代的淘洗与沉淀，至今却愈发熠熠生辉，历久弥新。"

（4）卢梭《爱弥儿》。汪校长指出，有人说"只要柏拉图的《理想国》和卢梭的《爱弥儿》留存于世，纵令其他教育著述尽被焚毁，教育园地依然馥郁芬芳"，虽然言之为过，但也表明卢梭和他的《爱弥儿》在世界教育史上的地位。

（5）洛克《教育漫话》。汪正贵说，洛克（1632—1704）和卢梭、杜威一样，既是教育家，又是哲学家和思想家，在哲学、神学、政治、教育、自然科学（化学、气象）、医学等领域均有所涉猎，符合百科全书时代的思想家的博学多识的共同特征。洛克对于德智体的排序有过人之处，他将体育排在首位。《教育漫话》开篇第一句话是"健康之精神寓于健康之身体"。他不仅将健康摆在第一位，而且提出身心健康并重的理念。关于智慧与学问，洛克将其放在健康和德行之后。"一切的重大责任是德行与智慧。"德行比智慧和学问更重要，一个人智慧的不足可以用德行来弥补，一个人德行的缺陷不可以用智慧来弥补。

（6）福禄培尔《人的教育》。福禄培尔（1782—1852）是19世纪上半叶德国著名的教育家，是近代学前教育的奠基人。他于1837年创立了一种新型的学前教育机构，并取名为"幼儿园"，被视作幼儿教育的开端。幼儿园（也叫幼稚园）的名称，关键在于"园"（Garden），其隐喻是幼儿幸福成长和游戏的花园，教师是园丁，幼儿是花草树木，在同大自然的亲密接触中成长起来，幼儿园是儿童幸福的乐园。在《人的教育》这本书中，他强调教育的目的和生活的目的，归结起来，就是自由和自主。"这自由和自主便是全部教育和全部生活的目的和追求，也是人的唯一的命运。"

（7）蒙台梭利《童年的秘密》。玛丽亚·蒙台梭利（1870—1952）是世界著名儿童教育家，37岁在罗马贫民区开设儿童之家，在儿童教育领域独树一帜。在人类教育史上，卢梭第一次发现了儿童，肯定了儿童的内在价值。蒙台梭利重新发现了儿童，进一步提出"儿童是成人之父"，掀起了一场儿童教育的革命。蒙台梭利在她的《童年的秘密》这本书中，一开头就提出了这样一个严肃的警示：成人应该成为儿童的"被告"。

（8）斯宾塞《斯宾塞教育论著选》。斯宾塞（1820—1903）是又一个百科全书式人物。他根据进化论，试图构建庞大的综合哲学体系，他以一己之力，耗费了40余年时间，先后撰写了《第一原理》《生物学原理》《心理学原理》《社会学原理》《伦理学原理》等共十卷本的哲学著作，企图统一一切科学，建立一个庞大的思想体系，并因此被人称为第二个牛顿。"只有真正的哲学家才能进行真正的教育。"他的《教育论》也同样被认为是继卢梭和洛克之后最深刻和最伟大的教育著作。他关于"什么知识最有价值"以及关于快乐教育的倡导，对于近代欧美教育具有变革性和先导性的理论意义。

（9）怀特海《教育的目的》。怀特海（1861—1947）是英国著名哲学家、数学家和教育理论家。罗素早年曾来问学，后来二人成为朋友和同事，并合著《数学原理》。怀特海晚年和罗素一样，受聘于美国高校。1929年，他在美国哈佛大学著成《教育的目的》一书。《教育的目的》是一本篇幅不长的小书，对于教育的目的和教育的节奏有独特的论述。

（10）雅斯贝尔斯《什么是教育》。雅斯贝尔斯（1883—1969）是德国著名的存在主义哲学家。他早年学医出身，40岁转而投身哲学，遂成大名。汪校长指出，哲学家论教育，自然是另一种风格，充满着哲学术语。读起来不知道他是在谈教育，还是在谈哲学，很多时候甚至不知所云；但是细品之下，也有相当的余味，值得深思。雅斯贝尔斯说："教育，不能没有虔敬之心，否则最多只是一种劝学的态度，对终极价值和绝对真理的虔敬是一切教育的本质。"

（五）窦桂梅

清华大学附属小学校长窦桂梅是小学语文界著名特级教师，可以说，是阅读改变了她的教育人生。她在《读书，教师必须的生活》一文中写道：

> 我告诉自己也告诉教师，不读书的教师，是一种工作的渎职。不带领老师读书的教学领导，也是一种失职。比如对语文教师来说，在我们学校，我在努力地、尽力地对语文教师的阅读水平要有明确的要求，并给予适当的机制进行考核，比如：每个月的"五个一工程"，即一个月一本书，一篇随笔，一节好课，一次面批作文，思考一个问题。为了更好地落实这"五个一"，我采取每月自查，定期检查，适机抽查的办法。同时，制定年度读书规划，要求自己，也建议教师每一年的阅读量不少于200万字。采取背诵、演讲、写作、检查读书随笔，建立个人博客等形式，促进个人专业修养的提升。
>
> 除特殊情况外，我每天都努力花时间独处，静静读书。一些经典藏书布满家里、办公室整个墙头不说，以及新近流行的哲学以及人文丛书，及时买来阅读外，《书屋》《文景》《万象》《名作欣赏》

《随笔》《人民教育》《中国教育报》《南方周末》等杂志，也成了我生活的伴侣……

以下是她的读书感悟：

其一：语文教师的底线就是拥有一定的文学素养。文学素养的获得、精彩课堂的生成没有他途，唯有广泛阅读。

其二：凭借文学的力量，一位语文老师把心中积蓄的情感散发出来，并将之弥散到课堂中，是一件非常幸福的事。

其三：语文教师如果养成了阅读人文书籍的习惯，就一定能充满自信地站在讲台上。语文一旦有了文学的味道，课堂一定令人期待又充满惊喜。

其四：一名语文教师读书、教书乃至写作的过程，实际上就是其专业素养提高的过程。

五、学生通过大量阅读走向成功的案例

教师通过读书走向成功的案例不胜枚举。同样，对中小学生来说，要应对并赢得未来的新高考，修炼、提高阅读能力也显得格外重要。就拿新高考命题来说，新高考各科命题的基本原则之一就是大阅读量，要求学生要有较快的阅读速度、较强的信息提炼能力和精准的分析、总结、概括能力。

2020年湖北高考理科状元唐楚玥，当年高考语文得了一个空前绝后的分数：146分。其中作文满分，只错了一道选择题和一个文言文小题。那么唐楚玥学习语文有什么"窍门"呢？

窍门之一：大量阅读。唐楚玥从小喜欢阅读，大量阅读，阅读的范围很广泛，除了历史、文学、科学方面的书籍，还喜欢时政新闻。在学校的阅读分享活动中，唐楚玥每次会把它当作一个严肃的事情，把自己阅读的感想分享出来，反过来也能促进自己阅读。大量的阅读，让唐楚玥阅读能力和阅读速度都领先于同学，还能在作文中引经据典。

窍门之二：练习写作。唐楚玥从小到大，除了日记以外，每周都会写随笔，或者记叙文。为了练习写作，她经常跑到学校的竹林里寻找灵感，锻炼文笔。从小到大，唐楚玥经常在校刊和杂志上发表文章。

窍门之三：坚持练字。唐楚玥的父母从小就有意识地培养孩子写字。唐楚玥语文高考能取得高分，特别是作文能得满分跟她字迹工整、卷面整洁是分不开的。

窍门之四：勤于积累。阅读的同时，她注重积累。她的学习笔记包罗万象，课堂知识、摘抄、随手记录、文言文、现代文、名言、时事评论、热点话题、同学作文等都有摘抄，这些为她积累了大量的素材。她的课堂笔记还多次作为该校学霸笔记进行阳光义卖。唐楚玥说，自己三年总结的语文笔记就有厚厚的七大本。她平时会把语文课本里面的字、词、句、篇全部整理出来。唐楚玥的语文笔记，一半是摘录，一半是自己总结的重点和难点。长期坚持，她积累了大量的字、词、成语、文学尝试等。

阅读与写作是分不开的。有的青年学子请教季羡林先生怎样才能把文章写好，季先生说："水喝多了，尿自然就有了。"这个比喻通俗易懂，"多喝水"即多读书，"尿"即文章，读书多了，积累多了，文章自然就写好了。这在今天对我们同样具有深刻的教育和指导意义。

第三章

修炼思考力：教育家型
教师专业成长的智慧源泉

名师应当是思想者。反思是教师的第一专业品质。

——成尚荣

一个人的成功离不开知识、努力、勤奋，但比这些更重要的是思考。聪明很重要，但比聪明更重要的是努力；努力很重要，但比努力更重要的是勤奋；勤奋很重要，但比勤奋更重要的是思考。人走向成功的最佳状态是"且思且行，且行且思。"

日本管理学大师大前研一说："新时代是个会因思考力差异而造成极大差距的时代。换句话说，新时代是个'思考力差异化'的时代。"善于思考能使人"大成"。同样，教师要发展、要成长、要成为教育家，必须学会思考、善于思考、勤于思考，不断提升思考力。

一、什么是思考

思考是人学习、工作、生活过程中随时进行的一种思维探索活动。孔子曰："学而不思则罔，思而不学则殆。""吾日三省吾身。"孔子还有"九思"："视思明，听思聪，色思温，貌思恭，言思忠，事思敬，疑思问，忿思难，见得思义。"苏格拉底说："未经思考的人生不值得过。"笛卡儿说："我思故我在。"

思考是思想产生、形成的必然途径。一个人不会思考，就不可能产生自己的思想。思想、理念产生的过程，都是长期实践后深度思考、痛苦扬弃的过程。一个人不思考，便没有深度，说话做事流于肤浅，便不能发现问题，而没有问题的发展只能在原点打转。只有善于思考且作深度思考的人，才能不断反思自己的行为，不断自我否定、自我完善、自我提升，向着更高远的目标前进。

教育名家大师都是善于思考且作深度思考的。著名教育改革家李希贵先生在担任潍坊市教育局局长时，倡导机关人员每日深度思考一小时。魏书生提出校长要广思，要能思，要细思，要三思，要反思。数学名师吴非强调，一名教师能走多远，取决于他能否独立思考。有了思考能力，就不会轻易相信任何东西。

二、思考的方法

思考有很多分类方法。从技巧上看，结合教育工作实际，笔者觉得教师应掌握以下思考方法：

第一，归纳性思考。归纳性思考即从一个个具体的事例中，推导出它们的一般规律和共同结论的思考方法。这种思考的路径是从"特殊"到"一般"，从"现象"到"本质"，是"举三反一"。教师要学会归纳性思考，不断反思自己教育教学过程中出现的一个个现象、一个个问题，剖析问题，查找原因，得出结论，并不断修正自己的教育教学行为。

第二，演绎性思考。演绎性思考即把一般规律应用于一个个具体事例的思维，在逻辑学上又叫演绎推理。它是从一般的原理、原则推及个别具体事例的思考方法。这种思考的路径是从"一般"到"特殊"，是"举一反三"。运用这一思考方法，教师可以把自己或别人的成熟的工作方法、教学法应用到工作实践中去。

第三，批判性思考。批判性思考即不唯权威、不唯标准答案，敢于质疑、敢于提出不同意见的思考。只有具有批判性思考，才能不断发现问题、解决问题，使工作不断进步、事业不断前进。教师要大胆运用批判性思考方法，特别是在学习运用他人的教学经验、教学方法的时候，要紧密结合自己的实际，批判地吸收、有限地借鉴，而不要照搬照抄。

第四，横向性思考。横向性思考简单地说就是左看看、右想想，比较鉴别、为我所用的思考方法。这种思考大都是从与之相关的事物中寻找解决问题的突破口。横向思考的方向大多是围绕同一个问题从不同的角度去分析，或是在对各个与之相关的事物的分析中寻找答案。教师运用这一思考方法，就是多看看同事的做法、同行的做法，比较鉴别，取长补短。

第五，侧向性思考。侧向性思考即利用外部信息来发现解决问题的途径，获得解决问题的灵感，也就是跳出自我，到其他领域寻找启示的思考方法。有时候，有的问题百思不得其解，或者没有任何解决问题的思路，这时候教师可以看看同事是怎么做的，看看全国的名家大师是怎么做的，甚至可以到外地学习考察，开阔视野，寻求帮助，有时候便会柳暗花明，豁然开朗。

第六，逆向性思考。逆向性思考也叫换位思考，即从反面想、从对立面想，看看结果是什么。教师要熟练掌握、运用这种思考方法。譬如在处理事情、解决问题时，经常问问"假如我是学生，我会怎么样""假如我是校长，我是否也会这样做""假如我是家长，我能不能接受"，等等。一旦换位思考，便会变得大度宽容，问题也会变得不再复杂。

第七，联想性思考。联想性思考即在联想、想象中思考。这是一种创造性思考。任何创新创造，都离不开好奇心驱动的联想。运用联想性思考，教师可以预测、预估事情发展的未来，坚定信心，增强自信。

第八，分解性思考。分解性思考即把一个问题分解成各个部分，从每个部分及其相互关系中去寻找答案的思考方法。简单说就是"化整为零，各个击破"。面对复杂的任务、课题时，教师可运用分解性思考方法，把问题和任务分解成若干小的分支、小的任务和问题，然后一个一个逐步解决。

第九，推理性思考。推理性思考即通过判断、推理去解答、解决问题。这是一种逻辑思维。先要对一个事物进行分析、判断，得出结论再以此类推。进行推理性思考，关键是确保每一步的正确性，如果中间有一个步骤出错，最后得出的结论就是错的。

第十，对比性思考。对比性思考即通过对两种相同或不同事物的对比进行思考，寻找事物的异同及其本质与特性。教师要常用这种思考方法，多看看同事的、外部的做法和经验，一比较便能得出结论，便能看到自己的优势和不足。这种思考方法与横向性思考方法相似。

第十一，跳跃性思考。跳跃性思考即跳过事物中的某些中间环节，省略某些次要的过程，直接达到终点。教师在解决问题的过程中，有时候思路中断，这时候便可暂时放下前边的环节，直接思考、进行后边的工作，后边的环节解决了，前边的问题也就解决了，这也叫"一通百通"。

第十二，灵感性思考。灵感性思考即人们在思考、创造过程中达到高潮阶段以后出现的一种最富有创造性的思维突破。它常常以"一闪念"的形式出现，是由人们潜意识思维与显意识思维多次迭加而形成的，是一种"顿悟"，也是人们进行长期创造性思维活动达到的一种境界。灵感性思考成功的前提是平时多读书、多积累、多思考，是一种量变后的质变。当教师出现灵感后，要马上记录，否则便会再也想不起来。

第十三，组合性思考。组合性思考即在思维过程中，通过对若干要素的重新组合，产生新的事物或是创意。组合思考方法是根据需要，将不同的事物组合在一起，从而创造出新的事物。不同的组合便会产生不同的结论。譬如，对课堂教学的各个流程、环节，教师可以打破常规，往往会取得意想不到的效果。

第十四，辩证性思考。辩证性思考即以变化发展的视角认识事物的思维方式，通常被认为与逻辑思维相对立。运用辩证法的规律进行思考，主要是运用质与量互相转化、对立统一、否定之否定三个规律。

第十五，综合性思考。综合性思考即多种思维方式叠加运用的思考方法。很多问题单靠一种思考方式是不能解决的，必须有多种方式方法综合运用才能解答。教师在开展教学研究、破解教改难题时要综合运用各种思考方法，学会综合性思考。

第十六，系统性思考。系统性思考即对问题、事物进行整体观察、整体考量，而不是仅仅停留或受限于某一个要素、某一个环节，既考虑事物上位的要素，也考虑下位的要素，上下关联，前后兼顾，统筹考量，然后作出判断，这种思考方法也叫全面性思考、全局性思考。一线教师常常犯的错误就是就事论事，抓住小的问题、停留在一个点不放，或总是从自身角度、单一要素思考问题，以偏概全、以点带面，以至于作出不恰当的判断。

第十七，反思性思考。反思性思考也叫总结性思考，即对自己的思想、行为常常反思，总结经验和优势，查找问题和不足，并及时整改、及时调整，完善未来的方法路径。反思性思考对教师专业成长至关重要。教师要学会这一思考方法，还要学会撰写教学反思。教育专家叶澜教授说过一句经典的话"实践＋反思＝名师"，可见反思对教师成长的重要性。

第十八，数字化思考。人类早已进入互联网、物联网、数字化、智能化时代。数字化是信息社会的技术基础，有人把信息社会的经济说成是数字经济，这足以证明数字化对社会的影响之大。教师应学会数字化思考，增强大数据意识，善于调研，积累数据，用大数据支撑研究、改进行为、推进工作。

以上思考的方法，教师在日常工作学习中经常用到。其中要高度重视、特别注意反思性思考，它对教师专业成长起着重要的推动作用，很多名师都是通过反思性思考一步步成长起来的。前边提到的华应龙是享誉全国的数学特级教师，是孩子们心目中的数学英雄。华老师上课时，他的教室后面总是架着一台摄像机。他说，为了课后的反思和研究，要把自己的课录下来。他常常对刚走上讲坛的老师说："不妨听听自己的课。"看华老师的备课本，好像也没有什么特别之处，但他的教后记写得非常多。通过教后记，我们明白了他的课为什么如此精彩；原来，教后记里写满了反思。可以说，善于反思是华应龙走向名师的一大法宝。

三、思考力

思考力是指因思考而产生的力量、力度及由此而产生的效果、作用，是人在思维过程中产生的一种具有积极性和创造性的作用力。强大的思考力具备以下特征：

第一，有深度。对问题和事物的思考能够追根溯源、触及本质、直逼核心、分析规律、把握关键，而不是停留在表面、浅尝辄止、只知皮毛。也就是我们常说的"透过现象看本质"。

第二，有高度。对问题和事物的思考站位高，跳出自我的小圈圈。譬如，对教育教学问题的思考，站在全校、全市、全省、全国乃至全球角度去分析，站在专家学者的角度去分析，而不是站在自己的角度，这样的思考才能有高度。

第三，有广度。对问题和事物的思考，通过部分信息把握整体信息，通过已知信息把握未知信息。一个具有思维广度的人，能够通过对个别信息的深刻理解，分析判断出它的联系方式，并在对联系方式的理解中形成对整个矛盾运动体系的理解和领悟。

第四，有速度。思考问题时能够面对复杂多变的现象保持思路清晰，并迅速抓住问题的关键，作出快速准确的分析判断，也就是我们常说的"反应快""思维敏捷"。

四、思考力修炼的方法

第一，善问为什么。我们经常要求学生在学习过程中要多问"为什么"，其实多问为什么同样适用于教师的成长。对自己的工作与专业发展，教师要多问，多反思。譬如，做这件事为什么要这样？为什么不是那样？还有其他做法吗？有更好的做法吗？这样做是最好的吗？为什么？这个做法跟其他做法有本质联系吗？区别是什么？问题的本质是什么？这个做法的本质又是什么？与这个问题类似的还有其他问题吗？再具体一点，譬如，我的课堂为什么总是感觉时间不够用呢？学生为什么不积极举手回答问题呢？我已经很努力了但为什么成绩总是比不上其他老师呢？为什么受表扬获表彰的总是没有我呢……

善问为什么，是所有科学家共有的品质。爱因斯坦说："我没有什么特殊的才能，不过是喜欢寻根刨底追问问题罢了。"陶行知先生也非常重视"问"的学问，他说："创造发明千千万，起点是一问。禽兽不如人，过在不会问。智者问得巧，愚者问得笨。人力胜天工，只在每事问。"如何提出问题？陶行知提出了何事、何故、何人、何如、何时、何地、何去、几何的八个问题。诺贝尔奖获得者、著名物理学家李政道先生经常讲，做学问，一定要先学"问"，自己能提出问题，自己能思考问题，自己能解决问题、求得答案。他经常强调，善于提问是科学发现和创造发明的重要前提。

第二，善于作比较。一是自己与自己的纵向比较。譬如，我今年的课堂教学与去年相比有进步吗？我这一堂课与上一周的课相比有什么不一样的地方？二是自己与他人的横向比较，包括与同事，与本地区同学科的名师，与省内、国内的专家比较。通过比较才能看出问题，找出差距，明确进步和提升的空间。

第三，善于找问题。包括找自己的问题、别人的问题，和自己相关的问题、不相关的问题，强化问题思维、问题意识。对于学生，我们知道提出问题比解决问题更重要，教师也同样如此。

第四，善于总结整理。一方面总结整理自己的思路和方法，总结成功的经验，失败的教训；另一方面总结整理别人的好的经验和做法，变成自己的，也就是善于学习借鉴别人的智慧。提高思考力最便捷快速的方法是总结整理的能力。把所思所想讲出来、写出来与他人分享，才能最终变成自己的。写作就是一个深度思考的过程，它会把存储在大脑中的不同区域零散的知识点调取出来，组合成有深度的思想体系。从这一意义上讲，写作是提升思考力最有效的途径。

第五，善于学习研究。这是提升思考力的基础和前提。一是加强学习个人专业知识，努力提高自己对从事专业的认知。特别是对自己所教的学科、所研究的领域，要加强学习，深入研究。二是要加强对未知领域的学习和探索。遇到问题，停留在表面看待，不能深度思考的根本原因是见识少，知识积累量不够。不同领域知识的认知，是一种长时间的积累过程。现实生活中，有的人见多识广，无所不能，无所不知，在与人闲谈和正式的讲话中总能做到口若悬河，滔滔不绝。这部分人我们首先想到的是他们口才好，但更多的是他们知识面广，涉足了很多所从事行业外的领域。因此，只有平时多学习、多读书、多研究，才能做到见多识广，才能真正提高发现问题、思考问题、解决问题的能力。

五、思考与思想

百度搜索，关于"思想"是这样解释的："思想，一般也称'观念'，其活动的结果属于认识。人们的社会存在，决定人们的思想。一切根据和符合于客观事实的思想是正确的思想，它对客观事物的发展起促进作用；反之，则是错误的思想，它对客观事物的发展起阻碍作用。思想也是关系着一个人的行为方式和情感方法的重要体现。"

"思想"这一概念与"理念""观念""主张"等往往是同义的，很多时候可以通用。《辞海》（1989）对"理念"一词的解释有两条：一是"看法、思想，思维活动的结果"；二是"观念，通常指思想。有时亦指表象或客观事物在人脑里留下的概括的形象"。苏格拉底说："每个理念只是我们心中的思想。"黑格尔说："理念也就是真理。"柏拉图认为："理念是完美的永恒存在。"教师的教学主张实际上体现的就是教师的教学思想，是教师对教学、对教学改革的一种理性认识、一种理想追求。有的专家指出，一名高水平教师的重要标志，首先要有先进的教育理念，然后才能有高水平的教学和高质量的教育效果。

新一轮课程改革以落实立德树人根本任务、深入实施素质教育为总的价值追求。在这一改革背景下，教师应当在读书、思考、研究、实践的基础上，不断提出自己的见解，凝练形成个人的教育思想、教学思想。情境教学法的创始人李吉林老师说："我觉得，即便是小学教师，也应该有自己的思想和教育主张。"

具体来说，教师要凝练形成以下几种基本的教育思想：

（一）以人文本、立德树人的教育思想

教师大多一辈子从事教育工作。那么，干了一辈子教育工作，你对教育有什么根本的看法、理解、追求？这就是教育思想。每名教师都应该有自己的教育思想。

也许有的教师说自己从事的是"教学"工作，和"教育"有什么相干呢？是的，教师从事的是教学工作，但不能就教学论教学，不能囿于学科教学的小圈子，要在大教育视野下开展教学工作。

形成自己的教育思想，就要对"教育"二字的内涵有深刻的理解和把握。要知悉教育的本质功能：开启心智、完善人格、点亮生命、培育人才、传承文明。要了解当前主流的教育价值观：坚持以人为本，落实立德树人任务，全面实施素质教育。这是中国教育的战略主题。要了解教育的人文和生命内涵：教育是事关生命、精神、灵魂的塑造与关爱的。正如左昌伦在《教育是

一种生命关怀》中所说："从本质上说，教育绝不是一种简单的技术行为，而是一种深切的生命关怀。这种关怀，既是对学生自然生命的关怀，也是对学生精神生命的关怀；既是对学生未来生命的关怀，也是对学生当下生命的关怀；既是对学生群体生命的关怀，也是对学生个体生命的关怀。"。

另外，关于"素质教育"与"应试教育"，很多教师一直在概念上纠缠不休，在具体的评判上往往非此即彼，格格不入。对此，我们应有科学的理解和准确的把握。素质教育和应试教育是既对立又统一的关系。素质教育是一种教育理念、教育思想，而不是一种教育模式、教育类型；素质教育贯穿于受教育者的一生，而不是界定在某个年龄阶段；素质教育并不只是在小学、初中搞，到高中、大学就停止了；素质教育的主渠道在课堂，而不是在课外；素质教育的承载体是课程，而不仅仅是搞几次艺体活动；素质教育一定是开全课程、上足课时的教育，但开全课程、上足课时不一定就是严格意义上的素质教育；素质教育包含跑跑、唱唱、跳跳等各类活动，但仅有跑跑跳跳唱唱并不是素质教育的全部；素质教育并不是不要考试，不要质量，而是要更加科学规范的考试，要更加绿色高效的质量；素质教育要求学生德智体美劳全面发展，而不仅仅重视智育；素质教育更加重视过程，而不是只重视结果。

（二）育人为本、开放多元的课程思想

一般意义上，课程是指各级各类学校为了实现培养目标而规定的学习科目及其进程的总和。它不仅包括各门学科的课内教学，还包括课外活动、家庭作业、社会实践等活动；不仅规定各门学科的目的、内容及要求，而且规定了各门学科的安排顺序、课程分配、学年编制和学周的安排。

形成课程思想，首先要强化课程意识。目前教师的课程意识相对薄弱的现状不容乐观。一项针对小学教师的调查表明，28.7%的教师把课程理解为

教材，31.7%理解为教学科目，32.9%理解为学生的学习经验。把课程理解为学生学习经验的比例高于其他两项，但仍然有60.4%的小学教师认为课程就是指教材和教学科目。这一调查表明，小学教师对课程的认识不全面、不深刻，课程意识非常淡薄。强化课程意识，教师要增强课程开发与实施的主体意识、课程本质功能的育人意识，要有"天地时空浩渺无限，世间存在皆为课程"的开放的大课程意识。按照万伟博士的观点，教师的课程意识包括以下六个方面：一是明确的目标意识；二是回归学生发展的意识；三是整体把握结构的意识；四是生成意识；五是资源意识；六是反馈意识。

形成课程思想，教师要对课程功能和目标有准确的定位。课程是实现教育目标的根本载体，其本质功能是育人，课程实施的过程即育人的过程。当下，从狭义角度看，课程目标就是培养学生的核心素养。课程目标的多维化，体现在核心素养的多维度。中国学生发展核心素养，以培养"全面发展的人"为核心，分为文化基础、自主发展、社会参与三个方面，综合表现为人文底蕴、科学精神、学会学习、健康生活、责任担当、实践创新六大素养，具体细化为十八个基本要点。

形成课程思想，教师对课程的开发、设置、实施、评价等，要坚持开放、多元、融合。课程开发要着眼国家战略，坚持以人为本，突出文化内涵，紧跟时代步伐，具有全球视野；地方课程要体现地方特色，校本课程要因校而异、体现特色、因需开发。课程实施要坚持生本化，国家课程要推进校本化、师本化、生本化实施，课堂教学要坚持以生为本，而不能以师为本。在课程实施过程中，要积极运用现代化、信息化、网络化、数字化、智能化技术与手段。课程评价要坚持多元化，在评价主体、评价内容、评价方法等方面不断拓展，提高评价的科学性、准确性、有效性。

每名教师都要有自己的课程观，都要不断增强课程供给能力。

（三）育人第一、教书第二的教学思想

当下很多教师都认为，自己每天的工作任务就是教学，把学生教会、教好，让学生考个好成绩就行了。这是非常片面和狭隘的教学观。教师每天的工作的的确确是在教学，但教学的目的不仅仅是让学生学会知识、提高能力，更重要的是让学生学会做人、学会求知、学会生活。因此，教师要树立育人第一、教书第二的教学观，改变学科教学的狭隘理念，把学科教学上升为学科教育，通过教学实现教育的目标。教师要牢记：一流教师育人，二流教师教书。

老一辈教育家于漪说过："我是在课堂上搞教学，更是在课堂上搞教育。"于漪老师的全部教学改革活动，贯穿着一条鲜明的红线，那就是"教文育人"。于漪所上的语文课，充分体现着"文道统一"的精神，在听说读写训练中，结合、渗透着思想教育，恰似春风化雨，渗入学生的心灵深处，实现了教养与教育的和谐统一。

具体到各个学科，教师要形成自己的学科教学思想，即每个学科教学的根本目的、终极价值追求。这就要求教师对学科教学的本质有深刻、独到的见解。譬如，苏州市高级中学语文特级教师黄厚江，坚定地认为语文就是语文。他说："语文和生活密切关联，但语文不等于生活，生活也不等于语文，应该是生活中的语文或语文中的生活。""语文的人文性，不是文学的人文性，不是历史的人文性，不是艺术的人文性，也不是人文科学的人文性，只能是语文的人文性。"他认为，把一切人文性的东西都拉过来堆在语文上，必然会失去语文自我，"语文的人文性只能在语文课程价值实现的过程中体现"。

（四）以生为本、自然和谐的课堂思想

课堂是学生学习的主要场所，是教师成长的主要场所。课堂是师生生命

成长的场所，是实施课程的主渠道，是提升教育教学质量的主渠道。教师应树立以生为本、自然和谐的课堂思想：以生为本主要包括学生主体、以学定教、以教导学等课堂基本原则；自然和谐主要指生态、优质、高效、和谐等课堂基本理念。

1. 坚持以生为本

一是"学生主体"。即以学生为学习的主体，让学生成为课堂的主人，而不能让教师成为课堂的主宰。有的教师备课备得很好，课堂上讲得很好，但学生学业水平总是提不上去，这说明这名教师没有考虑学生的"学"，而只关注自己的"教"。

二是"以学定教"。即根据学生学习的基础和需要，确定教师教的方法、内容、进度，要讲重点难点、讲方法、讲运用；原则上学生已经会了的不讲，学生自己能学会的不讲，老师讲了学生也学不会的不讲。

三是"以教导学"。即学生的"学"是建立在教师的"教"的基础之上的。如果把课堂比作舞台，把学生比作演员，那么教师就是导演，不管学生演得多精彩，都离不开教师的指导、引导。离开了教师的"导"，课堂有可能失控、无序，随意性、不确定性因素将会增加。

2. 追求自然和谐

一是"生态"。即追求课堂的原汁原味，既重视预设，更重视生成。

二是"优质"。即追求课堂的精细化，即设计要新颖，结构要紧凑，流程要顺畅，杜绝无效环节。

三是"高效"。即追求课堂目标的高达成度。教师讲得天花乱坠，精彩绝伦，但学生只是停留在一时的热度，知识没有掌握，能力没有提高等于零。

四是"和谐"。即课堂上师生关系、生生关系民主平等、和谐融洽，教师对每一个学生都关心关注，平等对待。这是实现优质高效课堂目标的根本动力，也是以生为本课堂理念的根本体现。教师在课堂上体罚、讽刺、挖苦学生的现象要坚决杜绝。

（五）育人为本、全面发展的质量思想

质量是教育的生命线。提高质量是教育永恒的主题。但是，教育质量并不等同于考试分数和升学率！教师要树立"育人为本，全面发展"的"大质量"思想：

1. 明确"大质量"的基点

"大质量"的基点是面向全体学生，促进全员发展。一个区域绝不能只抓几个好的学校，一个学校绝不能只抓几个好的班级，一个班级绝不能只抓升学有望的前 20 名、前 30 名学生！要千方百计促进每一个学生的发展，关注每一个，一个都不能少！每一位学生不求一样的发展，但都要发展；每一位学生不是同步提高，但都要提高；每一位学生不必是相同的规格，但都要合格。

2. 明确"大质量"的科学内涵

"大质量"，也就是德智体美劳全面发展。要不断提升学生品德发展水平，促进学生逐步形成正确的世界观、人生观、价值观；不断提升学生学业发展水平，促进学生打好终身学习和发展的基础；不断提升学生身心发展水平，促进学生形成健康的体魄和良好的心理适应能力；不断促进学生兴趣特长养成，保障学生个性发展和可持续发展。

3. 明确"大质量"提升的方式

要把形成教育质量的全过程和各个环节、各种因素统整起来，以全过程的高质量来保证终端的高质量。要把课堂作为提高质量的主渠道，不断改进课堂教学，最大限度利用好有效的教学时间，最大限度提高课堂教学的效率，而不要靠加班加点、题海战术来提高质量，努力探寻"轻负担、高质量"的教育策略及其操作技术，让学生进入主动、生动、能动学习的积极状态。

（六）生命至上、尊重差异的学生思想

教师的学生思想或者说学生观非常重要，因为它事关教育教学质量的内涵，事关教育改革发展的根本。教师要树立现代学生观，把学生当作具有独立人格的、发展中的、有着完整生命表现形态的生命个体。具体包含以下三层含义：

1. 学生是人

学生是独立存在的、具有主体性的活生生的人。学生不是任何人可以随意支配的附属品，他和成人一样具有独立的人格尊严、丰富的情感和独特的个性，其生命具有完整性。一方面，学生是人，就要求我们必须真正将学生视作具有独立人格、思想感情、主观能动性和认知潜能的活生生的人，将学生真正当人看，在教育教学过程中赋予学生以"人"的含义：不仅要尊重学生的人格尊严，而且必须将学生视作主动、积极的、有进取精神和创造性的学习者，在教育教学活动中还给学生自由想象与创造的时间和空间，把精神生命发展的主动权交给学生，使学生真正成为学习活动的主人。另一方面，由于学生是具有独特个性和生命完整性的人，这就要求我们在教育教学过程中必须要承认和接受学生个体发展的差异性，并将其真正视为人个性形成和完善的内在资源，因材施教，促进学生的个性化发展。除此之外，我们还必须把学生作为完整的人来对待，注意还学生完整的生活世界，给予他们全面展现个性力量的时间和空间。

2. 学生是发展中的人

一方面，学生具有巨大的发展潜能尚待开发，其身心发育还不够完善，需要教育者科学、合理地开发与发掘；另一方面，学生又是已具有一定能力并享有一定权利的主体，他们享有一定的权利并具备行使这种权利的能力，成人不仅不能剥夺或者代替他们行使权利，相反要给予应有的尊重和适当的

保护。鉴于这一点，我们首先必须相信每一个学生蕴藏的巨大潜能，自觉地将"让每个孩子都得到发展、获得成功"作为我们的教育信条，相信、热爱每一位学生，使自己成为每一位学生发展道路上的引领者和指导者；其次，由于学生是处在成长中的人，我们必须以发展的眼光看待学生，把学生作为一个发展的人来对待，要理解学生身上存在的不足，允许学生犯错误，并努力帮助学生改正错误，从而不断促进学生的进步和发展。在对学生进行有效的教育和管理的同时，还必须注意尊重和保护学生的合法权利。

3. 学生是独特的人

一方面，学生时代是人生命历程中最富生命活力，生命色彩最为丰富斑斓，生命成长最为迅速、最为重要的时段，我们不能简单地将其定义为"成人期"的准备，相反，必须肯定其作为人完整生命历程的重要组成部分所具有的价值；另一方面，我们还必须承认学生有着生动独特的成长价值，不同于成人的生活和内在世界。理解并尊重学生独特的精神生活、内在感受，以及不同于成人的观察、思考和解决问题的方式，肯定充盈着纯真情趣、智慧、和谐和生命活力的学生世界的价值。

学生是独特的人，这就要求我们必须尊重学生并深入到学生独特的内在世界，关注学生内心的奥秘，真正地尊重学生的生活经验和独特体验，充分关注每一个学生身上蕴藏着的丰富、独特的发展"资源"。将教育由以往单纯的"塑造""改变"和"授予"转变为对学生潜能、灵性的"激活""唤醒"与"启迪"，从而实现学生全面人格、自由个性、生命活力以及主体性、创造性的真正"解放"。

只有确立全新的学生观，我们才能全身心地去热爱学生、理解学生、尊重学生，我们所有的教育教学工作才能固本正源，才能确保正确的方向。江苏锡山高中把学生培养目标确定为"生命旺盛、精神高贵、智慧卓越、情感丰满"，合肥一中把"唤醒学生的人格觉醒"作为办学追求，均充分体现了以人为本的学生观。

（七）求新求变、敢破敢立的创新思想

搜索百度词条，对"创新"是这么定义的：创新是指以现有的思维模式提出有别于常规或常人思路的见解为导向，利用现有的知识和物质，在特定的环境中，本着理想化需要或为满足社会需求，而改进或创造新的事物、方法、元素、路径、环境，并能获得一定有益效果的行为。对这一定义，也许不一定是最全面、最科学的，但其基本内涵应该都包括了。

创新到底多么重要呢？相对论之父爱因斯坦在 1936 年 10 月 15 日美国纪念高等教育 300 周年纪念大会上说，没有个人独创性和个人志愿的统一规格的人所组成的社会将是一个没有发展可能的不幸的社会；管理大师德鲁克说，对企业来讲，要么创新，要么死亡。当前，党和国家提出五大发展理念，即创新、协调、绿色、开放、共享，其中"创新"被列为第一大发展理念，国家还响亮地提出"大众创业、万众创新"的号召。可见，不管对一个国家和民族的发展，还是对一个单位和个人的发展，创新都是非常重要的。

同样，对教育而言，创新也至关重要。教育家于漪老师认为"教育的生命力在于创新"，她提出"办学要有自己的特色"，而且身体力行，摸索出一系列与之相匹配的可操作的方法、途径，从而构建起一个教育理论探索与教育实践相结合的创新工程。教师要树立创新的理念，强化创新的意识，培育创新的思维，采取创新的措施，深化改革，锐意创新，求新求变，敢于争先，不断开创教学工作的新局面。特别是要不断创新教学方法，建构个性化的学科教学方法，形成独特的教学风格，这是教师专业发展提升的重要方面，也是作为一名名师的魅力所在。新教育的创始人、著名教育专家朱永新说，创新在一定意义上就是走自己的道路，形成自己的风格，就是创造与众不同的品牌，打出自己的旗帜；简单地说，创新，就是做最好的自己。

做一名教育家型教师

教师应做一个思考者，成为一个思想者。著名教育专家、江苏省教科所原所长成尚荣先生的文章《名师应当是思想者》给我们以深刻的启示：

名师应当是思想者
——谈教学主张与名师成长

成尚荣

　　说到名师成长，总是想到李吉林。这位从小学教师里走出来的儿童教育家，身上藏着名师成长的密码。她曾说："我不敢说自己是一个思想者，但我觉得，即便是小学教师，也应该有自己的思想和教育主张，那么，我就可以大言不惭地说，我是一个思想者。"的确，没有自己的教学主张，不能说自己是个思想者，当然，也不能说是名师，更不能说是教育家。看来，教学主张是名师成长中一个不可忽略的问题，它关乎名师的文化品质和教学品位，也关乎教师的专业发展。

　　教学主张是名师"教育自觉"的关键性标志。名师应当是思想者，是"反思性实践家"。思想者、反思性实践家存在的价值之一，就在于思想，而教学主张正是对教育教学深刻思考后所形成的一种见解、一种思想，不仅表达了对事业、对学生热爱的情感上的自愿，也表达了理智上的自觉。这种自愿与自觉，正是对理想教育的追求，表现为教育自觉和自由。具有教育自觉的教师才会有追求，也才会有行动；有理念，理念才会逐步成为信念；有实践，实践才会逐步成为实验。可以说，教学主张是从教育自觉的根上长出来的鲜亮的绿叶。一个缺乏教育自觉的教师，很难成长为优秀教师。

　　教学主张是名师成熟、成功的核心因素。它在很大程度上表达着教师成熟的程度和专业发展的深度。同时，教学主张的形成是教师长期历练和专业发展深化的过程。在形成的过程中，教师不断总结、提炼自己的经验，不断汇聚、提升自己的实践智慧，开发了自身生命的活力，积蓄着可贵的能量。这一个过程，是教师不断成熟的过程，过程中积蓄的能量将成为教师持续发展的力量，提炼的经验和智慧，必然形成教师进一步发展的平台，开始新的探索，最终走向成功。年轻的小学数学教师张齐华，潜心研究数学文化，从"数学＋文化"，到"用文化观照数学教学，在数学中开发文化元素"，正是一个不断学习、思索、实验和提炼的过程，教学中充满着青春的活力和智慧的魅力，生动而又深刻，活泼轻松而又从容沉稳，表现出教学的成熟，他的教学主张正坚定地引领他走向更大的成功。

教学主张是名师产生和保持影响力的重要原因，是具有影响力的名师与一般名师的显著区别。改革开放以来，中小学涌现了一批名师，如稍加注意，我们就会发现一些名师已没有多少声音了，他们的影响已基本消失。而另一些名师则能持续地影响着今天的教学改革和教师的成长。当下的名师也大体如此。实际上，名师已分成了两类。之所以如此，其中一个重要原因，就是因为有的名师缺少自己的见解，没有真正形成自己的教学主张，没有形成自己的教学风格。严格说来，他们是操作型的，甚至是技术性的，只是按规定要求执行得忠诚、实施得认真。说得严重些，他们还没有从根本上摆脱"教书匠"的桎梏。这类名师固然可敬，但并不是我们需要的真正的名师。真正的名师应当有自己的教学主张，不仅以他的教学经验、教学特色影响着教师，更应以他的教学主张，即个性化的教育思想影响着、改变着教师。即便是教学经验，也应是以教学主张为支撑的教学经验，也才能真正影响教师。就他本人而言，也因为是教学主张以及教学主张下的实践，使自己获得持续的影响力，并使自己不断有新的进展和新的经验。这样，才能从深度上推进教学改革和教师的专业发展，"教育家办学"才是有可能的。

教学主张是名师教学风格的内核。名师应当有自己的教学风格。但是，教学风格绝不是一张面具，也绝不是教学的炫技和表演，它有自己的内核。这内核就是思想。福楼拜说："风格是思想的血液。"别林斯基则说，风格是"思想的浮雕"。思想，使风格具有深刻的内涵，使风格站到一块精神高地上。教学风格的这一思想内核，往具体方面说，应该是教学主张。教学主张是教育思想的具体化和个性化，教学主张的血液里流淌着思想。失却教学主张，教学风格就失去了灵魂，充其量只是一种可供一时观赏而无实质内容的、平庸、苍白的教学表演。历史上所谓的幽默型、典雅型等教学风格，其背后都有理论支撑，其内在总是活跃着一种思想。从另一个方面说，教学主张也是形成教学风格的重要因素。从总体上说，教学主张贯穿名师成长的全过程，它不是一个环节，不是一个步骤，而像是发动机，提供着名师发展的动力。

当下，大家对"名片"情有独钟，不过，我还是喜欢"通行证"。教学主张以及以教学主张为内核的教学风格，应该是名师成长道路上的通行证。这张通行证，引领名师走向教学改革的深处，走向特级教师，走向教育家，走向全国，走向世界，可以和国内外的教育专家们站在同一个平台上进行对话。总之，教学主张是名师发展中一个亟待重视的话题，也是当下课程改革、教师专业发展中一个亟待深度开发的领域。

教学主张是一种个性化的教学见解，它坚定地指向教学改革的实践。

教学主张是对教学、对教学改革的一种坚定的见解。这种见解是个性化的、独特的、稳定的。它指向行动，坚持在教学实践中运用，被证明而发展。著名特级教师李庾南，在长期的初中数学教学中，总结、提炼出"自学·议论·引导"的教学方法和教学模式，实际上这就是她的教学主张。她始终认为，教学的核心是学生的学习，教师教学的使命在于让学生学会学习，让学生主动学习。她主张，应该让学生的学走在教师教的前头，并且贯穿在整个教学的全过程。唯此，才能真正确立教学过程中学生的主体地位，使他人的教育成为学生自己的教育。李庾南对此坚信不疑、坚定不移，"自学·议论·引导"这一主张，坚持数十年，并在坚持中改善，在改善中发展，至今她还活跃在课堂上。

教学主张植根于教育思想，是教育理念的深化与聚焦。从这个意义上说，教学主张是个性化的，但又具有普遍的意义和价值。从文献资料来看，思想与理念往往是同义的。苏格拉底说："每个理念只是我们心中的思想。"黑格尔甚至说："理念也就是真理。"柏拉图认为："理念是完美的永恒存在。"在我国也有关于"理"的概念，它指向事物存在的根据，揭示事物的规律。我们应该把教学主张看作是教师对教学、对教学改革的一种理性认识、一种理想追求。新一轮课程改革生成了一系列的教育理念，可以说形成了教育观念体系。随着课程改革的深入，教师应当结合自己的实践与思考，提出自己的见解，并加以梳理和概括。对此，不仅不应该反对，而且要鼓励。

（作者系著名教育专家，江苏省教科所原所长）

第四章

修炼研究力：教育家型
教师走向深度认知的必然途径

这个世界的真正驾驭者，是那些真诚地研究它的人。

——托·卡莱尔（苏格兰）

不管是在工作还是生活方面，不管是书面语还是口头语言，"研究"都是一个高频词汇。在教育领域，研究更是一项极端重要的工作。教师更要深刻理解研究的基本概念、主要对象、基本方法、基本类型等，做一名研究型、专家型教师。这是成为名师、教育家型教师的必然选择。

一、研究的基本概念

什么是研究？研究是运用科学的方法寻求问题答案、探究未知世界的一种过程。研究是教师的基本职责，是教师重建教学理念、提升教学智慧、转变自身角色、提高教学质量、实现专业发展的重要和必然途径。

研究是教师的重要职责。广大教师应热爱研究、善于研究，通过研究解决问题，破解难题，创出成果，提升智慧，真正让研究充盈我们的教育，充盈我们的生活，充盈我们的生命。

二、研究的主要对象

一切教育教学工作都是我们研究的对象。教育政策、教育规律、教育现象、教育热点难点焦点问题、教育思想、教育评价、课程、课堂、教师、学生、家长、作业、管理方略、教学方法、心理辅导、家庭教育、考试、命题、学校文化、师生关系、班主任、社团活动、研学旅行等等，都应是教师研究的对象，视域宽广，无所不包。

教师应突出加强以下领域的研究：

一是教育研究。这里的"教育"指的是大教育的范畴。要牢牢把握当前主流的教育价值观，即坚持立德树人，推进素质教育，创办公平而有质量的教育，促进学生全面而有个性地发展。教师不要就教学论教学，要在大教育的背景下组织开展教学工作，坚持育人为本、德育为先。

二是教学研究。突出处理好"教"与"学"的关系，坚持"以教为中心转变为以学为中心"，坚持以人为本、以生为本，把学习的主动权还给学生，引领学生独立思考、自主学习、自主管理、自主发展。要加强教学方法的研究，积极构建更加符合学科教学规律、更加高效、学生更加喜欢的个性化教学法。

三是课程研究。树立大课程观，真正让课程成为育人的载体和学校发展的支撑，而不仅仅是考试的内容。强化课程意识，不断增强课程供给能力，提高课程整合、研发、实施、评价能力。

四是课堂研究。研究课堂目标、课堂结构、课堂效益、课堂评价、课堂文化等，做课堂思想的摆渡者、课堂教学的引领者。要坚决摒弃满堂讲、满堂灌的传统课堂倾向，把课堂还给学生，充分发挥课堂育人的主渠道作用。

五是质量研究。树立育人为本、全面发展的质量观，追求质量的绿色品质，杜绝唯高分论的质量观，实施科学的质量评价。

六是学生研究。把学生当成真正的"人"来对待，关注、关爱学生的体质、心理、品德、情感等，而不要把学生当作知识的填充器和考试的机器。

三、研究的重要作用

研究是推动教师专业发展的核心力量。教师要自发地开展研究，学校要健全机制引领教师开展研究。苏霍姆林斯基说："如果你想让教师的劳动能够给教师带来一些乐趣，使天天上课不至于变成一种单调乏味的义务，你就应当引导每一位教师走上从事研究这条幸福的道路上来。"研究对教师发展的作用主要体现在以下几个方面：

一是提升理论的高度。不管开展什么研究，不管进行立项课题研究还是小课题研究，不管是理论研究还是行动研究，都要探寻、梳理所研究领域和问题的理论支撑，理论高度自然会提升。

二是拓宽知识的广度。对所研究的课题、问题涉猎的相关领域、相关知识，都要认真学习，必然会了解、掌握更多的知识，从而拓宽知识广度。

三是保持思维的深度。只有不断深度思考、深刻思维，才能确保取得预期研究成果，浅尝辄止万万不可。工作长期处于这种状态，必然会保持思维的深度。

四是改变眼界的角度。横看成岭侧成峰，远近高低各不同。从不同的角度看问题便会有不同的结果。开展研究需要从多个角度、多个维度切入，眼界自然会更加开阔。

五是超越自我的气度。开展研究，并不断体会研究的成功喜悦，不断实现自我超越，自信心、自我悦纳度、幸福感便会不断提高。

六是拓展生命的维度。爱上研究，不断取得丰硕的研究成果，不断得到领导专家认可，就会发现，生命因工作而更加丰盈、更加美好、更加灿烂。

四、研究的基本类型

研究的分类没有固定的模式。从有没有批准机构角度，可分为立项课题研究和非立项课题研究；从问题概念范畴大小角度，可分为大课题研究和小微课题研究；从对研究课题（问题）实践行为指导的角度，可分为理论研究和行动研究。教师应立足于行动研究，积极开展立项课题研究、小微课题研究、教育叙事研究。现就立项课题研究、小微课题研究、教育叙事研究作简要介绍。

（一）立项课题研究

立项课题研究是由各级教育教学科研机构根据制约当前教育改革发展的

重大问题而设立的课题研究，每项课题都有若干子课题。譬如中国教育学会、中央教育科学研究院，各省市教育学会、教育科学研究院、教研室、教科所等部门确定的课题研究。

立项课题研究有四个特点：一是从内涵来看，课题宏大，事关全局，影响深远；二是从时间来看，研究周期较长，一般 3～5 年结题；三是从保障来看，投入的人力物力财力较多；四是从难易度来看，难度相对较大。

当前立项课题研究存在诸多问题，特别是功利思想、实用主义思想普遍存在，不是为学术而研究，而是为职称而开展研究，导致有立项、有结题而无研究、无成果，甚至滋生花钱买课题（包括真课题和假课题）的学术不正之风。

（二）小微课题研究

小微课题研究是指教师以自己在教育、教学实践中遇到的问题为课题，运用教育科研方法，由一个人或几个人在较短的时间内共同研究，研究结果直接应用于参与研究教师的教育、教学实践，并取得实效的教育科学研究。

小微课题研究具有以下四个特点：一是个体性，适合自己，但不一定适用于他人；二是微观性，关注某一个点、某一个细节；三是真实性，基于解决个人教学中的问题和困惑；四是短期性，时间很短，一年、半年甚至一个月、半个月就能解决问题。譬如，课堂上激励学生踊跃发言的探索与研究、杜绝学生抄袭作业的探索与研究、如何避免拖堂现象的研究、提高小组合作学习成效的方法研究，等等，都属于小微课题研究范畴。

（三）教育叙事研究

教育叙事研究是指教师以叙事的方式开展的教育教学研究。它是教师通过对有意义的校园生活、教育教学事件、教育教学实践经验的描述与分析，从而发掘或揭示内隐于这些生活、事件、经验和行为背后的教育思想、教育理论和教育信念，进而发现教育的本质、规律和价值意义。

1. 教育叙事研究的四个特征

（1）教育叙事研究是一种质的研究方法。质的研究是以研究者本人作为研究工具，在自然情境下采用多种资料收集方法对现象进行整体性探究，使用归纳法分析资料和形成理论，通过与研究对象互动对其行为和意义建构获得解释性理解的一种活动。

（2）教育叙事研究是教师直接融入并成为主体的研究。在教育叙事研究中，教师通过自身长期在教育教学的实际生活体验中，在与对象的直接互动与实际交往中，发生了各种生活故事和教育教学事件，对这些事件，教师通过观察、分析、反思，从而获得一些见解或解释性的意见。

（3）教育叙事研究是一种事实性、情境性、过程性的研究。教育叙事研究是教师从教育实践出发，从校园生活出发，从真实教育事实出发，从自然教育情境出发所进行的研究。

（4）教育叙事研究是一种反思性研究。叙事研究的根本特征在于反思。教师在叙事中反思，在反思中深化对问题或事件的认识，在反思中提升原有的经验，在反思中修正行动计划，在反思中探寻事件或行为背后所隐含的意义、理念和思想。

2. 教师如何开展教育叙事研究

（1）要加强学习。要养成读书学习的习惯，提高理论素养，这是开展研究工作的准备和基础。理论可以启迪思维和智慧，可以熏陶气质和精神，可以提高洞察力和分析力，可以升华思想和理念。因此，教师掌握一定的教育理论，对更好地开展教育叙事研究是很有必要的。

（2）要善于选题。处处留心皆学问。只要教师事事处处留意身边的问题，关注身边的事情，就可以找到很多可以用于开展探讨的话题。比如，教育生活故事、学生成长个案、教师成长记录、教育教学对话、教学设计案例，等等，这些教育教学活动方方面面的内容都可成为叙事研究的话题。

（3）要勤于思考。善于思考是中小学教师在进行叙事研究中的根本要求，思考和反思是叙事研究的灵魂。

（4）要把握基本要素。教育叙事的基本要素有五个：有鲜明的主题或引人入胜的问题；有解决问题的技巧和方法；有解决问题的情境性、冲突性、过程性、复杂性等的描述；有解决问题过程中及过程后的反思；有理性反思后所获得的经验或教训，所蕴含的教育理论和教育思想的升华或启发。

（5）掌握写作方法。教育叙事写作不同于严肃的研究报告，可以是某种"记叙文"式的、"散文"式的、"手记"式的、"口语"化的写作方法，显得更亲近读者或听众，更容易使有类似经历的人通过认同而达到推广。

五、研究的常用方法

对教师来说，常用的研究方法主要有以下几种：

一是调查研究法。也叫"问卷调查法"，即对所研究的课题、问题进行深入调查。调查方式包括座谈、问询、问卷等。其中问卷调查是最常用的方法，通过问卷获得相关数据，并通过数据分析得出结论。

二是观察研究法。即对所研究的课题、问题所涉猎的人、事、物等个体进行短期或长期的观察，通过个体的纵向发展变化得出结论。譬如，对一个有厌学倾向的学生进行为期半年的观察，并对观察结果做记录，最后得出结论，这就是观察研究法。

三是实验研究法。即通过做实验进行研究的方法。譬如，选定某个或某几个班、某个或某些学生进行新教学法的实验，成功以后再予以推广。

四是文献研究法。即通过查阅文献资料进行研究的方法。这也是一种常用的方法。开展研究前，要对与研究问题、课题相关的书籍、文献广泛阅读；在研究过程中遇到困难和难题，也可查阅文献资料寻找答案、获得灵感。

五是个案研究法。即对所研究的课题、问题所涉猎的人、事、物中选择典型个案进行研究。

六是经验总结法。即对所开展的创新性的工作进行系统总结得出结论。这是当前教师撰写教育论文、教学成果常用的方法，主要是通过反思实践，总结成功的经验、失败的教训并予以梳理、归纳，上升到理论。

七是比较研究法。即对物与物、人与人、事与事之间的相似性或相异性进行研究与判断的方法。比较见高下。教师要善于把自己的教学实践与同事比较、与名家大师比较，寻找异同，探求规律。

六、研究成果的写作

研究成果的写作体例主要包括研究报告、研究论文和教学反思。研究成果的写作是开展研究非常重要的环节，只有写出来，研究成果才能看得见、说得出，才能与人分享，才能面上推广、产生更大的效应。所以，教师一定要重视研究成果写作，不断提高研究成果写作的质量。研究成果的写作实际上是广义的教育教学论文写作，下一章将重点介绍。

第五章

修炼语言力：教育家型教师专业表达的必备工具

写作是校长、教师成名成家绕不过去的坎。

——陶继新

语言是思维的外壳。语言是教师履行立德树人、教书育人职责最基本、最重要的工具。尤其是课堂教学，教师如果没有扎实的语言功底和表达功力，课堂是不会高效和精彩的，学生是不会喜欢的。从写作角度来看，没有一定的写作基本功，教师的专业成长会大受影响。事实上，很多教师教学成绩突出，但专业成果很少，难以向更高层次进阶，根本原因就是缺乏语言能力，特别是写作功底，非常遗憾。写作是校长、教师成名成家绕不过去的坎，成为一名教育家型教师，必须认真修炼提升语言力。

一、语言

语言是什么？百度百科显示：语言是人类最重要的交际工具，是人们进行沟通的主要表达方式。人们借助语言保存和传递人类文明的成果。语言是民族的重要特征之一。一般来说，各个民族都有自己的语言。汉语、法语、俄语、西班牙语、阿拉伯语、英语是世界上的主要语言，也是联合国的工作语言。汉语是世界上使用人口最多的语言，世界语和英语是世界上使用最广泛的语言。据德国出版的《语言学及语言交际工具问题手册》说，现在世界上查明的有5651种语言。在这些语言中，有1400多种还没有被人们承认是独立的语言，或者是正在衰亡的语言。

语言是人们交流思想的媒介，它会对政治、经济和社会、科技乃至文化本身产生影响。语言是由词汇按一定的语法所构成的复杂的符号系统，它包括语音系统、词汇系统和语法系统。语言是人类所特有的交际工具，随着人类社会而产生和发展。从人类文明发展的历史来说，人类文明的发展史实际上就是一部语言文字记录的历史。

德国哲学家叔本华说过一句话："谁想得清楚，谁就说得清楚。"这句话非常通俗明白地说明了思维与语言的关系。"想得清楚"指思维，"说得清楚"指语言表达。

二、语言力

笔者以为，对语言学习、掌握、运用的能力即为语言力。对任何人来说，提高语言力，将更加有助于沟通交流、传递思想、获得信息、推介成果，更加有助于走向成功。有的研究生学历的教师讲不了课，实际上是口头语言力（演讲力）差，不会说，不会讲；有的教师很有思想，很有见地，但就是写不出来，一篇论文也发表不了，实际上是书面语言力（写作力）差。这两种情况都是人才素质结构的一种缺陷。

按照表达方式来分，笔者将教师语言力分为书面语言力、口头语言力、体态语言力三种。

（一）书面语言力

1. 什么是书面语言力

书面语言力也就是书面语言表达能力，即通常意义上的写作能力。写作是人们有意识使用语言文字来反映客观事物、表达思想感情、传递知识信息的创造性脑力劳动过程。写作过程是一个认识过程，是一个人走向自觉、完善自我、不断成长的过程，是组合素材、斟酌文字、转变角度、整合思想、反思提高的过程。通过写作，人们可以表达感情、交流思想、传递信息，能够锻炼思维、培养品格、提升境界。

美国未来学家约翰·奈斯比特说过一句经典的话："在这个文字愈来愈密集的社会，我们比以往任何时候都更需要读写技巧。"已故的语文特级教师于永正曾说："只有文字才能营造一片属于自己的心灵空间。"

2. 写作的重要性和必要性

从人类文明发展的历史来说，人类文明发展史实际上就是一部文字记录的历史。没有历朝历代的史官撰文修史，没有历朝历代遗留下的浩瀚史书，我们怎么能知晓过去的历史，又怎能读史以明志、鉴古而知今呢？

从当前机关事业单位的工作运转来说，几乎所有的工作都要依靠文字，依靠公文。向领导汇报工作，你要写工作汇报；召开会议，你要写会议通知、筹备方案、领导讲话、主持词，会后要写新闻稿；外出参加会议，若介绍经验，你要写发言稿；到基层调研，要写调研报告或调查报告；出台政策，你要写决定、意见等；向上级请示工作，你要写请示；答复下属单位的请示，你要写批复，等等。

从教师专业成长的角度来说，教师要想成为一名学科教学专家乃至名师，必须重视写作、勤于写作、善于写作。一方面，教师的重要职责是"研究"，而研究成果的基本呈现方式就是论文论著，需要依靠写作来完成，所以，缺乏写作这一基本功是万万不可的。另一方面，成为"专家"的重要标志就是发表文章、著书立说、传播理论、引领思想。有的人做了一辈子教师，一篇文章也没有发表，可能这名教师教学成绩很好，但与成为名师还有一段距离。

所有的教育专家、大家，名师、名家大都著作等身。苏霍姆林斯基的专著有《给教师的一百条建议》《把整个心灵献给孩子》《巴甫雷什中学》《公民的诞生》《失去的一天》《学生的精神世界》《致女儿的一封信》等多部，他的作品和他本人影响了一代又一代教师。魏书生先后出版了《语文教学探索》《思维能力测验与引发》《班主任工作漫谈》等20多部著作。李镇西出版了《做最好的班主任》《做最好的家长》《做最好的老师》等几十部著作。李希贵已出版《教师第一》《教师第二》《新学校十讲》《走向个性的教育》《学校如何运转》等专著多部。厦门市教育局原副局长、厦门一中原校长任勇主编、参与编写出版《研究让教育更精彩》《走向卓越，为什么不》《数学教学艺术与学习指导》等81部学术专著，发表文章700余篇。可以说，是写作助推了他们的成长和成功，也成为他们成功的标志。

下面的文章《写作中沉淀生命》是清华附小校长、著名小学语文特级教师窦桂梅关于对写作与课堂教学以及教师专业成长的关系的见解。

写作中沉淀生命

窦桂梅

当今，各种关于课堂教学的讨论像暴风骤雨一样不断冲刷着我们。一方面，我们要面对各种理念的更迭，以及各种关于课堂教学的批判；另一方面，每天还要在辛苦琐碎的课堂生活中徘徊，折腾得疲惫不堪。课堂教学左也不是，右也不是。

面对惶惑，或多或少都要执教公开课的我们，应当如何寻找课堂坐标？怎样克服一次次研究、试讲带来的审美疲劳，让激情、希望、魅力经由研究课的一点，漫射到教学生活的年年岁岁、角角落落？

有一个很好的办法，就是让笔静静记下自己，在课堂本身找寻"我是谁"。语言是开出来的看得见的心灵之花。每一次记录，都会挖掘自己的心灵，并把它彰显出来。

每一种力量、每一个领域都要找到一种合法性来为自己论证，每一个人也都需要自我引导，自觉营造课堂生活的价值和意义，而不是等待任何权威的指令。正因为写，你的笔就要和你的课堂通过心灵的桥梁发生联系，你会忠于你的课堂，兼纳别人的声音，始终不会迷失自己。

于是，一个字，一个字，具体地组合在一起，构成了这一句话、那一句话，组成了这一段话、那一段话……千万朵花的美，是一瓣瓣的、用笔绽放开来的灵魂之花。当这涓涓细流终究汇聚成海，海纳百川的你怎能不"笑傲江湖"——如此，你也许会感慨：阅读自己的课堂"录像"的文字，就是倾听心灵花开的过程。

写，让自己活得明白，更让自己活出精彩。花的开放，赢得的是尊重，积累的更是尊严。写，也许会改变你的课堂磁场，甚至改变你的生命属性。

我围绕"课堂捉虫"写下了近百篇的课堂反思，并因此出版两本随笔，还出版了其他几本专著。有些贴在网站和自己的博客上，引起了较好的反响。这些文字汇集起来，就是一本属于自己的独特的课堂指导参考书。

自己尝到甜头，我还鼓动其他教师一起写。之所以能够有底气在众多比我学历高的青年教师面前诲尔谆谆、诱人循循，首先要感谢的就是引我走向教学觉醒之路的教学反思——教育写作。有一次，我没有时间给教师评课，就让他们自己写写教后反思。没想到，两个年轻人的"反思"引发了大家的反思。谁说人不能正确认识自己？正像他们自己感受到的，写，让自己更切身明白"曾经"是怎么回事。

课堂内涵丰富，写作形式就会多种多样。它既可以用平实的语言白描叙写，又可以用诗意的警句吟咏抒怀，有话则多，无话则少，写中有学，学中有思。写，或深邃或宏大，或微小或辽阔，或忧愁或明快，或抒情或议论……

就是这不拘一格的、一系列的书写，令那些当时只道是寻常的思想与细节，在头脑中一次次地"昔日重现"；能够保持对自己课堂问题的清醒，对评价者的"距离"，自觉地辨别批判的声音，就可以"跳出课堂本身",以一个旁观者的身份,审慎看待自己的课堂。

当我们阅读自己心灵的文字花瓣,轻点自己记录的精神财富的时候,我们文字里投出的理性是否变得更加敏锐和灵动了?我们的语言是否因为更加中肯,而引发教学行为上的忠直?我们的心灵是否因书写变得更加正直、勇敢和善良?我们的道德使命是否因不断累积,而变得更加清晰而富有力量?

看来,小小的笔改变不了世界,却能改变我们的课堂。

3. 写作力的修炼

(1)摒弃对写作的畏难发愁。很多教师都说写作难,写作难,难于上青天。写作真的那么难吗?非也。著名语文特级教师韩军说:"写作就是化音为字,化意为字,我手写我心,我手写我口。表达是人之天性,写作是表达的延伸,是普通人的生活状态。写作人人可为,并非文人作家专利。"因此,只要对写作不畏难发愁,坚持写,坚持练,写作能力一定会不断提高。

(2)养成勤于写作的好习惯。写作的关键是养成习惯。新教育的发起人、全国政协副主席朱永新有一个经典的"写作投保公司"的假设案例:

公司宗旨:确保客户利益,激励客户成功。

参保对象:不限,但尤其欢迎教育界人士,因为教育的成功是中华民族伟大复兴的基石。

投保金额:不限,从数元至数千元任选,欢迎万元以上大客户。

保期:十年。

投保条件:每日三省自身,写千字文一篇,一天所见、所闻、所读、所思,无不可入文,十年后持3650篇千字文(计三百六十万字)来本公司。

理赔办法：如投保方自感十年后未能跻身成功者之列，本公司以一赔百，即现投万元者可成百万富翁（或富婆）。

这一假设案例最终得出一个结论：写作需要坚持写，天天写，只要养成了写作的好习惯，假以时日，最后一定会成功，不成功是不可能的。

（3）明晰写作的基本要求。在具体写作过程中，要把握以下基本要求：

一是标题要醒目。标题是文章的眼睛，眼睛明亮才能吸引人。一般来说，标题应直击主题、直陈观点，让读者一看标题便知道文章的内容。

二是主题要突出。一篇文章必须有一个鲜明的主题，所有叙述、论述、论证都要围绕这一主题展开。

三是逻辑要清晰。概念清楚、逻辑清晰、层次鲜明，按照先后顺序去写，各部分内容平行的先写最重要的，前后内容不能交叉重复。

四是语言要简洁生动。大道至简，写文章也一样，语言要言简意赅，生动形象，富有表现力、感染力。

4. 五类教育论文的写作

第一类：课题类论文的写作

【结构】

课题类教育教学论文主要是针对课题研究而撰写的论文，包括开题报告、结题报告、阶段性成果报告等，其基本结构如下：

（1）开题报告。

一般分以下几部分：

第一部分：课题选题的目的、意义及价值（理论价值、实践价值、推广价值）；

第二部分：课题研究的主要内容和拟解决的关键问题；

第三部分：课题研究的主要创新点；

第四部分：课题研究实施的步骤、阶段性目标；

第五部分：课题研究的人员和经费保障；

第六部分：课题研究拟采用的方法；

第七部分：课题研究的预期成果。

（2）结题报告。

一般分以下几部分：

第一部分：课题研究的目的和意义；

第二部分：课题研究的目标和内容；

第三部分：课题研究的对象和方法；

第四部分：课题研究的阶段和步骤；

第五部分：课题研究取得的成效；

第六部分：课题研究的反思；

第七部分：参考文献。

（3）阶段性成果报告。

其结构与结题报告基本相似。

【案例】

中学历史常规试题命制研究开题报告

青州市教研室　卢德明

（一）课题研究的背景

随着课程改革的深入推进，中学生的学业评价问题正逐渐成为社会关注的热点。中学历史常规试题命制作为中学生学业评价的重要组成部分，正受到越来越多的关注。长时间以来，中学历史常规试题命制研究一直从属于大型考试试题的研究，如各省高考试题或各地中考试题，造成中学历史常规试题命制的功能趋向窄化。中学历史常规试题命制本应作为教育、教学中的手段与工具，用来发现学生的学习和教师教学中存在的问题，帮助学生提高学习成绩，督促教师改进教学方式，服务教育发展的目的；然而现实中，中学历史常规试题命制却成为评定学生成绩优劣、选拔成绩优秀学生、淘汰成绩落后学生的手段，其功能演变成为评定与选拔，甚至是选拔与淘汰功能。这导致了学生对历史学习兴趣的丧失，阻碍了中学历史课程的进一步发展。为此，开展这一研究十分必要。

（二）课题研究的内容

1．厘清试题命制中应注意的一些问题，确保命制试题的方向正确。

2．探索不同题型的组合效益及与课堂教学的关系，找寻课堂效率提升基于试题评价的策略。

3．从历史学科思维角度，探讨并形成中学常规试题命制的基本原则和方法。

4．探索常规试题与课外作业的结合，探讨常规试题在学生的过程性评价中应起的作用。

（三）课题研究的方法

根据本课题性质，研究主要以行动研究法和教育经验总结法为主，辅之以文献分析法、观察法、比较研究法、个案研究法、实验法等。

1．文献研究法：运用现代化手段，检索、整理现今国内外与课题相关的教育教学理论和操作策略，在分析比较的基础上，为课题研究提供理论指导和操作借鉴。

2．调查研究法：调查现行常规试题命制的现状，分析得失成

做一名教育家型教师

因，为对策框架的构建奠定坚实的基础。

3．行动研究法：围绕研究目标，在行动中研究，强调反思，及时总结，不断完善研究。

4．个案研究法：对典型个案进行系统剖析，揭示某些规律及本质。

5．经验总结法：对研究及时总结经验，努力上升到理性认识的高度。

（四）课题研究的组织分工（如表1所示）

表1　课题研究的组织分工

序号	姓名	职务职称	工作单位	课题分工
1	卢德明	中学一级教师	青州市教研室	全面负责课题研究工作
2	李爱玲	中学二级教师	青州西书院初中	撰写报告、论文，搜集、整理资料
3	鞠磊	中学二级教师	青州云门山街道坡子小学	撰写报告、论文，搜集、整理资料
4	王云	中学二级教师	青州黄楼初中	撰写报告、论文，搜集、整理资料
5	赵金鹏	中学二级教师	青州五里初中	撰写报告、论文，搜集、整理资料
6	李娜	中学二级教师	青州庙子初中	撰写报告、论文，搜集、整理资料
7	冯春刚	中学一级教师	青州北关初中	撰写报告、论文，搜集、整理资料

（五）课题研究的进度

1．准备阶段（2013.6—2014.8）：成立课题组，完成已有文献、师资情况等的问题分析，对课题研究进行分解，对方案进行细化设计，每一个子课题的实施方案具体规划。

2．课题研究阶段（2014.9—2015.2）：根据研究方案，课题小组进行研究、实验，资料整理，数据分析，研究实施。

3．课题中期评估阶段（2015.2—2015.3）：根据研究过程进行阶段评估、检测，形成初步研究成果，并请专家给予指导。

4．课题研究校正阶段（2015.3—2015.7）：根据中期评估出现的问题进行校正，反复验证、反复调整，让课题研究得以递进式提高。

5．课题总结阶段（2015.8—2015.9）：撰写课题结题报告、工作报告，整理专著、论文。

（六）课题研究的保障及经费分配

1．经费投入保障。市教研室高度重视教育科研工作，设置课题研究专项资金。本课题研究中，学校将在教学设施建设、教师外出培训、校本课程的开发、教师研究成果奖励、组织学生校内外活动等方面不断加大资金投入，保证课题研究的顺利进行。

2．队伍与研究的保证。课题组主持人系参与过多项省市课题的研究，有丰富的课题研究经验；课题组成员大多为本学科带头人和教学能手，具备较丰富的科研经验和较高的教科研能力。同时，本课题能借鉴站在全市角度，统筹全市关于本课题的相关力量进行研究。

3．运行机制的保证。在市教研室科研科的指导下，课题组已建立了完善的研究制度，定期开展相关研究活动。

4．重点难点的攻克对策。我们将继续发挥教研组的群体优势和课题组成员的骨干作用，通过多种形式的研究、实验，为课题的研究构建坚实基础，提供丰富材料。

（七）课题研究的预期成果

课题研究预期成果包括研究论文、研究报告、相关试题、以开发校本教材为目的中学历史学业成绩评价方法等。

第二类：方法类论文的写作

方法类教学论文是阐述学校或教师个性化教学方法、教学经验的论文，是教师最常用的论文写作类型。这类教学论文可以写学校的，也可以是个人的，一般是针对某一学科的。这类教学论文要把握好标题和结构。

【标题】

标题是眼睛，是核心。此类标题一般有两种拟法：

第一种：《_____ 的探索（研究、做法、尝试、构建与实施）》。譬如：《学科选层走班教学模式与管理框架的探索》《小学"6 + n"课程体系的构建与实施》《初中"一主两翼"写作序列化教学法研究与实践》《小学数学"151快乐教学法"的构建与实施》。有时候为了突出核心内容，引起读者关注，可以提炼一个副标题。

第二种：用一具有实际操作意义的短句。譬如:《用经典范读引领学生进入文本》。

【结构】

一般分为四部分：

第一部分：背景与意义（实施依据）。一是理论背景；二是现实背景；三是目的、意义。

第二部分：方法与步骤（实施过程）。一般分为两种写法：一是递进式，一步一步展开写；二是并列式，按重要程度展开写。

第三部分：成效及影响（实施效果）。包括显性的成效，用数据说明，譬如数字比较，前后比较，平行班比较；隐性的成效，一般用实例说明。

第四部分：注意的问题。这一部分可有可无。

【注意事项】

一是标题要规范；二是结构要完整；三是语言要简练、客观；四是行文要规范，不要写成新闻稿件，不要写成随笔，不要写成散文，字体、字号、排序、数字等都要规范。

【案例】

构建"6＋n"课程体系，奠基生命自由生长
——小学"6＋n"课程体系的构建与实施

韩相福　王孝庆　田萍　张少军　李丽　陈梅

临朐县蒋峪镇海尔希望小学坐落在沂蒙山区，是一所典型的山区农村小学。然而，就是这样一所学校，近年来却在国内引起了不小的轰动：学校先后为山东省农村艺术教育工作现场会、山东省普通中小学"1751"改革创新工程现场研讨会、山东省第一届小学课程整合专题研讨会、潍坊市课程整合成果展示会等省市会议提供现场13次；学校的经验多次在全省、全国推广；来自全国各地的同人30000多人次到学校参观考察。

是什么原因让这所大山里的小学校声名鹊起呢？因为学校紧紧抓住了农村课程资源的优势，从提升农村教师的课程智慧入手，大力开展小学"6＋n"课程体系的构建与实施研究，走出了一条农村学校发展的新路子。

一、背景及意义

临朐县蒋峪镇海尔希望小学的前身是蒋峪镇中心小学，那时学校校舍陈旧，阴暗潮湿，有的甚至是危房，是当时全县最差的农村小学。

2000年，学校县级教学能手仅有1人，从没外出听过课的教师达50%，专业艺术教师0人。教师观念非常落后，学校课程开设严重不全，基本是上级考哪门课，老师就教哪门课。本是推动课改主

力的教师，却成了学校课改的最大阻力。教师的观念落后、职业倦怠和课程观的狭隘，让这里的孩子处于文化荒漠的状态中。孩子们的创新精神、实践能力、社会责任感的培养更是无从谈起。

要让农村孩子接受更好的教育，必须解决教师的观念问题。最好的抓手，我们认为是做课程。因为教师只有在做课程的过程中，才能更好地认识课程、理解课程，进而落实课程、发展学生。于是，我们决定从课程建设入手，改变课程，改变教师，改变学校的教育落后状况。

我们的课程建设走的是"整合化"的路子。《基础教育课程改革纲要（试行）》指出：要"改变课程结构过于强调学科本位、科目过多和缺乏整合的现状，体现课程结构的均衡性、综合性和选择性。""小学阶段以综合课程为主。"从实践操作层面，我们对小学课程进行整合化建设的意义主要包括以下三个方面：

（1）落实《国家中长期教育改革发展规划纲要（试行）》中关于课程建设的要求，以整合化的课程促进学生全面发展和个性发展；促进教师角色的根本转变，提升教师的专业素养。

（2）减少课程门类，提高课程综合性，减轻学校、教师和学生的负担，解决课程实施中遇到的课程内容交叉重复、学生课业负担重等一系列问题。

（3）实现国家课程和地方课程校本化。立足学生的发展需求，选择符合学校特色的课程内容，实现课程的校本化、师本化、生本化；建立基于学校实际，满足不同学生发展需求的校本课程体系，这也是学校课程建设的核心理念和基本价值。

二、研究与实践

为了解决课程中存在的各种问题，我们认真探索行之有效的模式和方法，在课程开发和教学实践中采取实事求是的态度，把学生的校内学习同校外生活，尤其是学生的兴趣紧密结合起来，使分化了的学校教学系统的各要素形成有机联系的"整合课程"。

（一）乡土化特色课程开发

学校处于沂蒙山腹地，位于风景秀丽的沂山脚下。沂山是巨大的自然资源、社会资源、人文资源宝库。我们从校本课程开发入手，深入挖掘、科学整合乡土资源，为孩子提供了一套具有浓郁地方特色的校本课程，构建了开放、多元的校本课程体系。

我们首先考虑国家的教育方针和学校的育人目标，特别考虑了"人"的发展需求，深入调查分析孩子的兴趣爱好，让课程尽可能地满足孩子的需求。我们遵循"课程规划—制定目标—组织内容—课程实施—评价改进"的开发流程，充分挖掘沂山资源，建设了具有浓郁地方特色的"我与沂山"系列活动课程。我们因地制宜将身边的物质材料引进美术课堂，开发了粮食画、树叶画、麦秆画、铅笔屑画等粘贴画课程。我们还开发了泥塑、草编、根雕课程，挖掘学校周边的人才资源，开发了吕剧课程。

（二）跨学科的课程整合

在课程实施过程中我们发现，学生的生活是综合的，但由于学科本位思想，原本完整系统的知识被人为进行分割，整体育人效果较差。各学科间，尤其是"科学""品德与社会"中的体验性、实践性内容与"综合实践活动"课程以及地方课程中的"安全教育""环境教育"间存在大量知识与目标的交叉重复现象。同样是关于"电"的知识，在三年级《科学》《安全教育》《环境教育》中均有相关内容。《科学》中的"安全用电"目标与《安全教育》中的"电老虎乖乖虎"高度融合；"电在生活中的用途"又与《环境教育》中的

"一度电的用途"完全一致。整体探究"电"的有关知识也可以作为"综合实践活动"研究性学习领域的一个课题。《安全教育》中"电老虎 乖乖虎"的内容分布在上学期，而作为基础的"导体绝缘体"知识，却安排在《科学》下册中"谁的本领大"一节中。分科教学，不符合学生的认知规律，也需要多次组织差异性不大的活动，对教师和学生都会产生一些不必要的负担。我们想：如果用一个生活载体实现两个或两个以上的学科目标，无疑会提高效率，还会还原生活的本来面貌，增强课程的整体育人效果。

基于对上述问题的思考和认识，我们开始用研究者的眼光审视原来的课程。着眼于学生的健康、自由发展，对三至六年级的"科学""品德与社会""综合实践活动"等国家课程以及"环境教育""安全教育"等地方课程，进行了如下重整工作。

1. 目标分析与整合

我们在认真研读上述课程"课程标准"的基础上，梳理出这些课程的育人目标，并进行分类整合。使原来重叠的目标得以精简、分散的目标相互融合、杂乱的目标变得清晰，既保证了原有课程目标不缺失，又使原来各自表述的目标实现了有机统一。

2. 内容梳理与重组

在课程开发中，我们将"综合实践活动""科学""品德与社会""安全教育""环境教育"这五门课程中的原始素材进行了加工、改造，对割裂的内容进行整合，对重叠的内容进行合并。同时，将学生身边的生活素材引入课程之中，形成更加符合孩子发展需求的、围绕课程目标的、整体化的课程内容。

3. 活动设计与建构

我们努力通过课程整合使分化了的各学科知识形成有机联系，

成为整体。用"探究方法"作为课程组织的要素，以学生发展为中心，以实践体验为主要形式，着力设计并建构了每个活动主题，形成了"大探索"课程。

我们的课程整合，是在课程育人目标、课时不变的前提下，在实施层面对相关教材内容进行的重组、置换、优化。用这样的理念和技术，我们对其他学科课程也进行了整合化构建，形成了大探索、大语文、大数学、大英语、大艺术、大体育六门课程。每门课程都包括基础课程和拓展课程。对每个孩子来说，需要学习基础课程6门，均为必修；拓展课程n门，学校提供"自然类、社会类、科学类、艺术类、人文类"等多门选修课供学生自主选修。最终形成了可视性、可操作、可评价的"6＋n"自由生长课程体系。

（三）学校文化的课程化构建

学校周边有丰富的教育资源，要常态、便捷地开展活动，最好的办法就是建立主题活动基地。我们通过调研，建立了"六大基地"：自然观察基地（沂山国家森林公园）、德育基地（齐长城遗址）、社会实践基地（华庆制衣有限公司）、科普教育基地（奶牛养殖场）、社区服务基地（沂山敬老院）、历史文化教育基地（东镇碑林）。

在建设校外实践基地的同时，我们对校园进行了主题式园林设计。用竞标的办法从师生中选择最优方案，建成沂山药物、沂山果树和沂山花卉等特色主题园林，作为学生的校内实践基地。这些基地的建立，不仅使学生能随时进行实践活动，也为教师的课堂教学实践提供了一个便捷的场所。

我们还以"整合"的思路对学校的活动场所进行课程化设计，

促使学生行为文化的生成与重建。我们以"开放的大课程观"作指引，用课程的理念和技术进行学校文化重建，将学校文化建成一种动态的、生长的课程"生态系统"，让生活在其中的学生时刻浸润在文化课程的养料中，为孩子的发展提供了一个广阔的天地。

三、实践成效

在课程建设过程中，通过全体师生的不断探索实践，初步建立起了"6＋n"自由生长课程体系，学生开始用多学科的视角审视问题、解决问题，在活动中得到了全面、和谐发展。具体主要有以下几点：

（一）发展了学生

在课程实施中，学生的学习负担大大减轻。学生有了更充裕的时间从关注书本的学习走向了关注生活的学习；从依赖教师、依赖书本的被动学习走向了独立自主的研究性学习；从分科的学习走向综合的学习，创新精神、实践能力和社会责任感也得到了有效提高。近年来，500多名学生在县以上的各类比赛上获奖。"禁挖大树古树，保护绿色文物""拒绝滥用农药，留住绿色蔬菜"等实践活动先后在潍坊市公民养成—社会实践活动展示会上获得一等奖；张弛斌制作的麦秆画《雅趣》获得全国劳技创新作品大赛金奖；学校风筝、麦秆画制作社团的孩子们代表山东省参加了全国第五届中小学生艺术展演活动并荣获优秀展演奖。

（二）提升了教师

对传统分科课程的重构，使教师的课程意识有了显著增强，教师素质明显提高。有7位教师为省级现场会提供公开课，15人次获得市县政府成果奖，市县级教学能手达25人，近20篇论文在《中国教育报》《当代教育科学》《创新教育》等刊物上发表。

（三）成就了学校

学校被教育部评为"全国学校艺术教育先进单位""全国深入实施素质教育典型学校""全国综合实践活动先进学校"等国家级荣誉6项，省级荣誉6项，市级荣誉10多项。海尔希望小学也由全县最差的乡镇驻地小学，发展成为全省乃至全国农村基础教育的一面旗帜。

第三类：观点类论文的写作

观点类教育论文即对教育教学事件、案例、现象发表观点、看法、主张的论文，对现实有一定的普遍的警示意义和指导意义的论文。

【标题】

标题一般用包含"应""要""当""让""须""需"等词语的判断句式。譬如：《低年级学生要特别注意学习习惯的养成》《教学设计应该简单扼要》《创业教育须"接地气"》《教师不该做"微商"》《回望传统方能拥有更多自信》《技术课"受宠"是个好现象》《班主任要加强自身"软实力"建设》《课堂当追求美的境界》《让学生爱上我们的学校》《用价值管理统领教育治理》《县市招聘新教师需破解"四难"》。

【结构】

一般分为三部分：

第一部分：陈述现象，提出观点。

第二部分：摆出依据，分析观点。

（1）理论依据：用逻辑思维进行推理、演绎或概括，可引用名人的观点作为佐证。

（2）事实依据：摆事实（事件、数据等）。

第三部分：得出结论，指出对策。

【案例】

班主任应重视自身"软实力"建设

史振平

当今的中小学生大多为独生子女，又生活在一个网络化、信息化、开放化的时代，任性、自私、叛逆的倾向越来越明显，这无疑给班级管理增加了难度。笔者以为，在这一新形势下，作为承担班级和学生管理重任的班主任，应重视加强自身学识、人格魅力等"软实力"建设，这比单靠严格的制度、严厉的管教等"硬实力"来管理班级、"征服"学生效果更理想，影响更持久。

概括起来，这些"软实力"包括以下五个方面：

一、学识影响力

马卡连柯说过："学生可以原谅老师的严厉、刻薄，但不能原谅他的不学无术。"对班主任老师来说，更应具备渊博的学识。一是精深的学科专业知识。任教什么学科，对该学科知识应深入研究、系统掌握，并不断更新、完善、提升，做本学科教学的专家。如果连自己的学科教学都难以驾驭，那就很难让学生信服。二是丰富的其他学科知识。对自己不任教的学科知识，也要有所了解，便于整体把握学生的学习情况。如果班主任也能辅导学生其他学科知识，那学生定会心悦诚服。三是扎实的教育学和心理学知识。做学生的思想工作、进行心理疏导是班主任的常规工作，是基本功，因此必须认真学习、研究教育学和心理学。四是广泛的政治、经济、科技、文化等方面的知识。不一定都精通，但要有所涉猎。在课堂上，在与学生的交谈中，如能随时引经据典，出口成章，那学生定会刮目相看。班主任如果不如学生读书多、知识面广，其影响力会大打折扣。

凡成功的班主任，都是学识渊博的学者，如中国传奇教育家、著名班主任魏书生，全国模范班主任、著名班主任专家任小艾，全国优秀班主任、全国名师丁如许，等等。班主任应以这些人为榜样，读书、读书、再读书，学习、学习、再学习，做一个终身读书、终身学习者，通过读书学习使自己日臻完善。这既是班级管理的需要，更是个人生命成长的需要。

二、师能影响力

一个优秀的班主任首先应具有出色的教育教学能力，尤其是要有精湛的课堂教学技艺和卓越的教育教学业绩。要提高课堂教学技艺，班主任必须做课堂教学改革的拥护者、推动者、实践者，努力打造优质高效课堂，让学生喜欢自己的课。一要精心备课，做到运筹帷幄。要认真备课标、备课程、备教材、备学情等，做到进课堂之前万事俱备，成竹在胸。二要精心上课，得胜千里之外。导入新课要匠心独运，讲授新课要脉络清晰，当堂训练要有的放矢，课堂小结要总结提升，让课堂充满精彩和活力。三是精心布置作业，诊断反馈有实效。作业内容要精选，题量要适中，批改要及时。四是创意创新，让教学过程智慧流淌。课堂设计要打破常规，教学过程要自然流畅，语言表达要有感染力，教学手段要多元化，等等。五是既会上学科课程课，又会上班队会课。尤其是班队会课，内容丰富，形式多样，精彩纷呈，真正成为触动学生灵魂、引领学生生命成长的德育课。

每一名成功的班主任，都是课堂教学的行家里手。魏书生在外讲课，面对新环境、新学生，总能游刃有余，驾轻就熟，取得满意的课堂教学效果。班主任要获得精湛的课堂教学技艺，既要磨炼硬功，又要改革创新，既要学习先进，又应结合实际，循序渐进，逐步提升。

三、人格影响力

人格影响力即人格魅力，指一个人在性格、气质、能力、道德品质等方面具有的吸引人的力量。当今社会，为人处世的基本点就是要具备人格魅力。班主任一言一行对学生影响深远，更要注重人格魅力建设。

那么，班主任应具备哪些崇高的人格魅力呢？主要应包括以下七点：一要公平正义。不管学生长相丑俊、成绩优劣、家庭贫富，都要一视同仁、公平对待。在处理班级事务、调节同学纠纷时，要坚持原则，公平公正，不偏袒任何一方。二要诚实守信。要言行一致，说到做到，不能说话不算数，食言成习惯。三要与人为善。和同事交往、与学生相处，要真诚善良、团结互助、和谐相处，不可钩心斗角、精于算计。四要为人谦逊。做人做事要谦虚谨慎、虚怀若谷、彬彬有礼，不可自我标榜、骄傲自满、目中无人。五要以身作则。身教胜于言教，要求学生遵守的，自己先遵守，要求学生做到的，自己先做到，时时事事以身作则，率先垂范。六要奋发有为。要有强烈的事业心，有远大的理想，时刻保持开拓进取、昂扬向上的精神状态，不能凡事消极应付。七要勇于担当。要有强烈的责任心、责任感，敢于负责、敢于担当，不能遇事逃避、推卸责任、推诿扯皮。

"其身正，不令而行；其身不正，虽令不从。"要想从内心深处"征服"学生，班主任必须加强个人修养，不断增强人格魅力。所有教育家、成功的班主任都具有崇高的人格魅力，都是我们学习的楷模。

一个在人格上被学生鄙视的班主任是不可能让学生喜欢和拥戴的。

四、情感影响力

没有爱就没有真正的教育。一般教师要有爱心，班主任更要有爱心，要满含感情开展班级工作。这种情感，这种爱主要表现在以下方面：一是爱国家爱集体。要时时处处维护大局、维护集体，不要动辄发表对国家、对社会、对学校不满的言论，从自身利益或者个别现象出发，利用网络或在公开场合，甚至在课堂上对集体和个人进行恶意攻击。二是爱天下苍生。要同情弱者、关心弱者，对国内外因发生地震、海啸、战争、瘟疫等而流离失所、生活困难的人们要给予同情，并积极参与救助活动。对班级或学校内的贫困学生，要积极组织或参与帮扶活动，给学生树立榜样。三是爱教育事业。只有爱教育事业，才会爱教师职业，才会爱学生，才会满含感情教书育人，才会献身教育事业而无怨无悔。四是爱每一个学生。要树立"一个都不能少"的素质教育观，面向每一个学生施教，让每一个学生都成人成才，不放弃任何一个学生，不管他（她）学习成绩多么差，行为习惯多么不好。要把学生当成自己的孩子、兄妹、朋友，学习上耐心指导，生活上悉心照顾，关心他们的喜怒哀乐，关心他们的起居冷暖，关心他们的思想波动，和他们手拉手、心贴心、共成长。

感人心者，莫先乎情，情感的力量无与伦比。班主任拥有宽广博大的爱心，在工作生活中爱学生、尊重学生、欣赏学生、宽容学生、关心学生，才能从内心深处感动学生，学生才能对班主任心存感激，师生关系才能和谐，班级管理才能渐入佳境。

五、才艺影响力

调查显示，有特长才艺的班主任尤其能得到学生的喜欢甚至追捧，其班级管理也就增添了无形的力量。因此，有个人才艺的班主任，不管是唱歌、跳舞、器乐演奏，还是摄影、书法、绘画、朗诵等等，都要抓住机会积极展示。课堂、课下、班级文体活动、学校文体比赛等都是展示的舞台。这是拉近师生心灵距离、增进师生感情的重要途径。笔者担任班主任期间，发挥音乐、体育、写作方面的特长，经常参与学生的文体活动、庆生会，与学生打成一片，班级管理顺风顺水。

以上五个方面的"软实力"，有些是班主任和一般教师共有的，有些是班主任特有的，不管哪些方面，班主任都应潜心修炼，不断增强，这是做一个优秀班主任、成为专家型班主任所必需的。

（本文发表于《人民教育》）

第四类：随笔类论文的写作

当下，教育随笔的写作非常繁荣，应该说，这是一种很好的现象。随笔简短、随意，取材方便，形式活泼，写起来又不占用大量的时间，十分适合处在一线的教师写作。

【结构与写法】

教育随笔一般包括三部分：

第一部分：叙述事例，引出想法。

教育随笔往往是由一个具体事例作为由头。这个事例的要求是：典型、真实、生动、有新意。典型，就是带有普遍意义；真实，就是事例必须是工作、生活当中确实存在的，是自己所见所闻甚至是经历过的，而不是随意捏造的，或者道听途说的；生动，是指事例有一定的故事性，而且比较有趣，或者有经典细节的，可读性较强，不是平淡无奇的老生常谈；有新意，指的是事例能折射出某种新的动向、新的意识、新的思维，或者是一种新的现象的端倪。

第二部分：旁征博引，深入分析。

这一部分写作要注意以下三点：一是不要就事论事，只作简单的判断，说这个现象好或不好，简单的判断是容易的，但这是没有说服力的；二是要透过现象看本质，作深层次的分析，挖掘出潜伏在现象背后的根源；三是分析要旁征博引，要打开思路，从多方面简述，以增强文章的深度和广度。

第三部分：呼应开头，表明态度。

以事例为由头的教育随笔，结尾一般有这样三种写法：一是照应开头，对事例作结论性的判断；二是表达自己的愿望和要求；三是强调和重申自己的观点。

【案例】

书信为媒，架起家校连心桥

王秋梅

现在独生子女多，在家中，孩子就是"小皇帝""小公主"，任性娇惯、自私自利、我行我素……而家长们唯恐孩子受委屈，更是以孩子的喜好为中心，对他们是"含在嘴里怕化了，捧在手里怕掉了"。

孩子难管理，家长的工作不好做，倘若疏忽了家校间的及时沟通和交流，就无法形成家校教育合力，对孩子的教育就会出现事倍功半的情况。

孩子上学伊始，家长迫切想要了解孩子每一天在学校的表现；老师更想了解孩子在家庭中的表现情况，以便于及时制定和矫正教育方案。

怎样与家长进行有效的沟通和交流呢？钱锺书先生说："文人纸上谈兵，是笔尖上的英雄。"我想，作为一名班主任，我也应该当一当"笔尖上的英雄"。

从一年级到现在，数不清的事例告诉我，很多时候，与家长的交流会不知不觉地拉近彼此心的距离，对孩子的教育会产生事半功倍的效果。

记得一个上午大课间的时候，文找到我，说："老师，贻给我棉袄上画了黑东西。"我一看，真的，在右侧前襟下面的位置上，有些签字笔的划痕。我就问贻怎么回事，黑色笔是哪里来的。她说黑笔是文的，她没给文画。这可怎么好！一个说画了，一个说没画。于是，我让文重新把棉袄放好，演示一遍。等她放好，我就知道，贻说的更真实一些。因为被画的那个位置，坐在文后面的她根本够不着，而文的手自然下垂时，正好能碰到这个位置。

于是我明白了。我把事情跟两个孩子解释说明，同时进行了演示，两个孩子也没异议。

可是，下午上学时候，我看到文提着一个袋子进了教室。还没等我明白是什么，她径直来到我面前，说："老师，我妈妈让贻的妈妈给我洗干净棉袄，洗不干净我就不要了。"

什么？什么？这是什么话！就算是贻画的，做家长的也不能这样教孩子吧。我忽然感觉有些说不出的郁闷。

下午放学的时候，我便给文的妈妈写了一封信。在信中，我把事情的原委进行了说明。

第二天一早，我来到教室，7：50的时候，文来了，交给我一封信——她妈妈的回信。

学生读书的工夫，我读了信的内容。字里行间，看得出她妈妈的水平不低，不过，给人以自我为中心之感尤其强烈——不够明事理！

孩子嘛，在学校里打打闹闹、磕磕碰碰是家常便饭，需要如此的大惊小怪吗？现在的家长让人搞不懂，更搞不懂他们对孩子的心态！我也是孩子的母亲，在孩子遇到这类问题的时候，我从没有像她这样武断，而是引导孩子，"为什么会发生这样的事情呢，你自己做得对吗？"我说的最多就是这些，而现在，她的话是多么犀利呀！如果让贻的家长知道这种情况的话，那可能就不只是孩子间的事情了！

于是，我又给她回了一封信，不管怎么样，不能让如此简单的事情复杂化了，作为班主任，我要学着"和稀泥"！

后来，她来到学校，当面跟我说"自己有些过分了——心急的缘故！说衣服不用给洗了。"看到她能够心平气和地面对这件事，我也松了一口气。

"孩子的学习需要多方的努力，老师尽职尽责，我们做家长的有什么理由放任自流呢？孩子能够遇上一位责任心强的老师，真的是他们一生的幸运。"

"王老师，您放心，我们一定会与您通力合作，共同教育好我们的孩子。"

"王老师，我们一家人经常聊起您，我们觉得孩子真是遇上了一位负责任、有爱心的好老师。孩子上小学之前，他班主任的形象我们想象过很多次，甚至担心万一遇上一个没什么经验的小姑娘，不懂如何调教我们这个调皮的孩子怎么办。结果证明，我的一切担心都是多余的。王老师处处为孩子着想，能根据他们的年龄特点给予宽严适度的教育，更可贵的是王老师肯琢磨、爱钻研，每一篇教育

做一名教育家型教师

日记都让我们心服口服，您的言行让我们做家长的一百个放心。"

……

一封封家长回信，让我感受到的是欣慰和希冀——有付出必有收获！

平时，为了更好地与家长加强沟通，除了书信，我还设立了班级 QQ 群、微信群。假期中，我会充分利用网络，提醒家长如何加强对孩子的教育，同时带去我对孩子的关心、对家长的祝福。我想告诉他们："孩子进步、我的工作顺利进行，与他们的支持与理解分不开，我希望家长能够一同分享我的喜悦！"

"王老师，孩子上三年级时要分班吗？我们希望孩子继续跟着您呢！"

"王老师，您的颈椎好些了吗？假期好好休息，一定要保重身体，孩子们还靠您呢！"

两年来，我与家长书信交流 800 多人次，得到了家长和社会的广泛赞誉，收到了良好的教育效果……

我们的工作对象是有血有肉、有思想、有感情的人。在工作中，我们会做、巧做、能做，真正从心灵、思想上对孩子、家长进行引导，让他们感受到老师的真心、诚心、爱心。你想，即使是"炮弹"，包上了"糖衣"，也会令人乐于接受的，不是吗？

一直以来，我的心愿是让每一个孩子因为遇到我而进步、而优秀！让每一位家长因为碰到我而放心，而欣慰！

古语说得好："世上无难事，只怕有心人。""只要功夫深，铁杵磨成针。"哪怕是写信这样的"小事"，只要我们有心，下了功夫，坚持下去，定会"精诚所至，金石为开"。

（作者系山东省青州市旗城学校教师）

第五类：反思类论文的写作

反思类教育论文即我们常说的"教学反思"，是教师对自己的教学思想、教学理念、教学行为、教学经验进行深入思考，总结成功之处，剖析缺点和不足，从而使自己今后的教育教学工作不断完善，更有成效。教学反思是一事一议的实用性议论文。叶澜说，一个教师写一辈子教案难以成为名师，如果写三年反思有可能成为名师。

【结构】

教学反思论文的一般结构：教学实例＋成败分析＋理性思考。

第一部分：教学实例。叙述教学的简要过程。

第二部分：成败分析。先分析成功之处，再分析不足之处。有些公开课由于经过精心打磨，基本上没有明显的缺点，也可以不分析不足之处。

第三部分：理性思考。这是重点，主要谈自己的思考与感悟。

当然，也有的教学反思将以上三部分有机融合，形成一个整体；有的主要谈成功之处。

【案例】

追求基于理解的教学设计
——*Do you often play with dolls* 教学反思

徐丽莉

《追求理解的教学设计》明确地提出了"为理解而教"的教学价值取向。教学的目的是让学生获得理解。理解是真实学习的第一步。追求理解的教学设计摒弃的是传统英语教学的机械学习，目的是通过多模态的英语教学，让学生在理解的基础上进行语言学习。

一、从功能入手，逆向开展教学设计

本节课的功能是谈论学生的日常行为习惯。我们应该如何从功能的视角，逆向思考与设计本节课呢？从词汇的角度分析，学生应该学会表达日常行为，像 play with dolls, take photos, clean the room, read stories 等；从句型的角度分析，学生应该知道用什么样的句型开展问与答，即学生需要理解语言"Do you often…"以及句型的回答 Not really，Not very often，Yes，of course 等。在逆向分析的基础上，我们需要进一步地思考需要设计什么样的评价任务或学习活动，才能达成以上目标。在进行教学设计时，若我们坚持以终为始开展教学设计，反推学习任务，就能达到步步为营、环环相扣的教学效果。

二、从插图入手，实现核心词汇的理解

新标准英语教材主课文中有丰富的插图，插图可以帮助学生有效地理解文本。从图到文的学习步骤也符合小学生的认知特点和认知规律。本节课的核心词汇是 play with dolls, take photos, clean the room，read stories 等，如何让学生理解这些词组，我从图片入手，用问题"What can you see in this photo？"，采取"Picture reading"的教学策略，引领学生观察、思考、交流与表达，从而达到理解语言、表达语言及运用语言的目的。教师在进行教学设计时，还可以采取"Watch and order the pictures"的形式，引领学生观察图片。学生在排序的过程中，就进一步理解了核心词汇，为后续的课文学习奠定基础。

三、从旧知导入，实现新知的理解

本节课的重点是谈论学生的日常行为习惯，涉及的新句型是"Do you often…"以及句型的回答 Not really，Not very often，Yes， of course 等。授课教师引领学生观察图片中人物正在进行的动作，进行表达 Sb is playing with dolls；Sb is cleaning the room 等，从某人正在进行的动作，很自然地过渡到新知 "Do you often…"。在新知生成的过程中，学生理解了在描述图片的时候，我们应该选择句型 Sb is playing with dolls，而在谈论日常行为习惯的时候，我们应该选择句型 Do you often…？在两个句型的对比中，学生进一步理解了一般现在时态的表意功能。

四、从问题链入手，实现学生思维能力的培养

教师的问题应是拽住学生思维风筝的线，必须张弛有度、游刃有余。教师要以问题为抓手，调动学生自身的情感、经历、已有知识及文化背景等，让学生沉潜在文本的字里行间，读（听）懂、读（听）透文章。教师的问题设计不仅有基于事实的问题，即 What questions，而且有超越文本的 Why questions。在高效问题的引领下，学生的英语学习不仅停留在字里行间，还有超越文本的深层次的思考与表达。深度学习在有效问题的引领下，真实发生。这节课需要在学生思维能力的培养上再下功夫。

"Tell me, I will forget；Show me, I may remember；Involve me, I will understand." 只有通过多种方式，将学生卷入到语言学习的情境中，基于理解的英语教学才能实现。追求基于理解的教学设计，我们一直在路上。

（作者系青州市宏远学校校长）

（二）口头语言力（演说力）

1. 什么是口头语言力

口头语言力也就是"演说力"或"演讲力"，即就某个问题向听众讲明事

理，发表见解。

演说力到底有多么重要？格雷戈里·伯恩斯说："你可以想到史上最伟大的创意，它与众不同、别出心裁，但是如果不能说服其他人理解、接受你的想法，那一切都毫无意义。"

河南开封求实中学原校长韩微微最希望自己拥有的才华是演说家的才华，她说："用语言的力量去改变更多人的思想，改变更多的人生，从而改变世界。"

苹果创始人乔布斯被称为全球舞台上最能虏获人心的演讲大师，人们评价他的演讲"令人难以抗拒""有魔力""魅力非凡"，说"乔氏演讲仿佛能把多巴胺直接注入观众的大脑，让他们兴奋异常。为了听一场他的演讲，有些人不远万里、翻山越岭地赶来，甚至在寒风中彻夜排队，只是为了获得一个最好的座位。如果不能如愿，他们往往十分沮丧"。

教师演说力分为两种：

一是课堂授课。教师课堂授课也是一种演说能力。如果教师的课堂语言没有感染力，逻辑性不强，那么对学生的听觉冲击力便会打折扣，课堂教学效果也就会降低。

二是专题演讲。包括对学生的演讲，譬如班会演讲、国旗下讲话、社团活动动员讲话等；对家长的演讲，譬如召开家长会演讲；对同事的演讲，譬如介绍教育教学经验、专题学术报告等。

乔布斯提出了伟大演讲的九要素：

（1）精悍的标题。

（2）激情声明。

（3）"3"条关键信息。

（4）隐喻和类比。

（5）例证。

（6）与合作伙伴分享舞台。

（7）提供客户证据并出示第三方认可。

（8）加入视频剪辑。

（9）亚里士多德五要素原则：

a．讲述一个故事或提出一个观点激发听众兴趣；

b．抛出一个问题，必须得到解决或回答；

c．对你提出的问题给出一种答案；

d．描述采纳你的解决方案能带来的具体利益；

e．号召听众行动起来："现在，出去买一款吧！"

与普遍意义上的演讲一样，教师演讲要注意以下五点：一要言之有时，讲求时效性、时间性；二要言之有序，讲究顺序、逻辑，条理清晰；三要言之有理，符合方针政策，合乎教育规律；四要言之有物，旗帜鲜明地表达自己的观点；五要言之有情，投入感情，引起共鸣。

当然，课堂教学语言要求更高。

2．口头语言力修炼

（1）练习普通话。普通话是以北京语音为标准音，以北方话（官话）为基础方言，以典范的现代白话文著作为语法规范的现代标准汉语。普通话作为联合国工作语言之一，已成为中外文化交流的重要桥梁和外国人学习中文的首选语言。截至 2015 年，中国 70% 人口具备普通话应用能力，尚有约 4 亿人只局限于听懂的单向交流。《国家通用语言文字普及攻坚工程实施方案》计划"到 2020 年，在全国范围内基本普及国家通用语言文字"，具体为全国普通话普及率平均达到 80% 以上。对教师来说，一方面，普通话是实施课程教学、履行育人职责的基本工具。普通话水平高，有利于提高课堂教学水平，也有助于提升与学生、家长的沟通交流效果。另一方面，普通话是教师交流教育教学经验、推及个人思想与成果的重要工具。当教师专业发展到一定层次，讲公开课、做学术报告就会成为常态工作，而如果普通话不过关，那是无法进入这一阶段的。所以，教师一定要学习普通话、练习普通话，熟练掌握汉语拼音的声母、韵母、声调等发声技巧。

（2）坚持演说训练。演说力是训练出来的。要想提高演说、演讲水平，就要坚持训练。在日常工作、生活中，要坚持用普通话与人交流，包括同事、家人、朋友等；对学校组织的各种演讲活动要积极参加，不断历练。教师还可以购买提高演说力的专著系统学习，向擅长演说的名师请教，多种渠道提高演说能力。

3. 演说案例

【案例一】

强化责任担当，赢得精彩人生
（2023年3月4日）

青州一中党委书记、校长　史振平

老师们，家长们，同学们：

大家上午好！

今天，阳光明媚，春意盎然。在这个美好的日子里，学校为你们举行隆重的成人礼，希望给你们一生留下难忘而温暖的记忆。首先，我代表学校，对同学们成人成年表示热烈的祝贺！向不辞劳苦、辛勤培育你们成长的家长们、老师们表示衷心的感谢和崇高的敬意！

成人即意味着感恩、责任与担当。哈佛大学对学生责任的要求：

当你降临到这个世界上的时候，你就要负起责任，责任并不是一种强加的义务，而是对一个人基本的要求。

那么，成人后我们该承担起那些责任呢？

一是感恩父母，承担起对父母的责任。父母对儿女的爱，是人世间最无私的爱，最伟大的爱。也许你的父母现在还年轻，但他们终将老去，总有一天他们会生病，甚至卧床不起，到那时候，他们就需要你的照顾；也许你们的父母并不完美，但他们对你们所做的一切，初衷永远是爱你们，你们要理解他们、感恩他们、孝敬他们。这就是你们应有的担当！一个连父母都不孝敬的人，一定是一个品行有缺陷的人，在事业上也注定是一个没有建树、走不长远的人！

二是感恩老师，承担起对老师的责任。老师是你们生命中的贵人！他们不仅教给你们知识，还教会你们做人。尤其是高中老师，他们是最苦最累的。他们的工作量是小学初中老师的两倍，他们每天都在燃烧自己、透支自己，都是为了你们的成长成才。把老师比作蜡烛，燃烧自己，照亮学生，是再贴切不过的。他们燃烧自己的健康、自己的体能、自己的生命。所以，你们要感恩老师的培育，不辜负老师的期望，刻苦学习，赢得高考，这就是对老师最大的担当。

三是感恩伟大祖国，承担起对社会和国家的责任。人不是孤立地存在于这个社会上的。每个人都是社会的人。这就要求你爱这个社会，融入这个社会，爱我们伟大的祖国，建设我们伟大的国家，要把自己的成长成功与国家和民族的命运紧紧地连在一起！这首先就要求我们遵规守纪、遵纪守法，以实际行动维护社会秩序和社会文明。今天，学校赠送大家的礼物是一部《宪法》，就是要求大家遵纪守法，弘扬宪法精神，促进社会发展，推动历史进步。

对父母负责，对老师负责，对国家负责，而这一切的前提是对自己负责——这就要求同学们不断提升自己，完善自己，成为一个有知识、有能力的人，成为一个成功的人、卓越的人，成为一个能服务社会、报效国家的人，成为一个有尊严、被人看得起的人。这就需要我们胸怀理想，积极向上，努力奋斗。习近平总书记说："幸福是奋斗出来的"，"伟大梦想不是等得来、喊得来的，而是拼出来、干出来的。"当前，我们首先需要跨过高考这座高山！那么，面对还有90天就要到来的高考，我们怎么办？两个字：拼了！！

那么，什么是拼呢？朝鲜战场中的长津湖战役，志愿军光着脚发起冲锋，打退了敌人，"天兵天将"吓退了敌人！这就是拼！郎平25岁的时候，膝盖磨损已经达到70岁老人的水平，脖子以上是好的，脖子以下都是伤病，大大小小手术做过12次，这就是拼！北大学子田炳轩英语不行，便开始背《牛津词典》，用了大概一年的时间全部背完，英语高二才考80多分，到了高考考了140多分，这就是拼！

拼的本质是拼意志！我们要有壮士断腕的气概，要有不到长城非好汉的雄心壮志，要有流血流汗不流泪的意志，要有泰山压顶腰不弯的定力，要有河出汪洋一泻万里的力量，要有高考必胜舍我其谁的气势！具体有"三拼"：

一是拼时间，时间是保证！珍惜最后时段的宝贵时间！

二是拼效率，效率是关键！每一节课每一天你都要有收获！

三是拼方法，方法就是智慧！听课记笔记的方法、补弱的方法、提高应试能力的方法等都要不断优化完善！

同学们，人的潜能是无限的，只要拼，最后90天提高20分、30分、50分是能够实现的！这次一模考试线下15分的同学就有102人，这102名同学只要每科提高3分便能考上重点本科！同学们，不要相信一模决定论、盖棺论，一模、二模、三模都是阶段性检测，是为了发现问题、解决问题，最后高考胜出才是王道。

未经高考历练的人生是没有滋味的人生！我命由我不由天！伟大的背后都是苦难！

同学们，既然"拼"了，那么你还总是想偷着玩手机吗？你还想偷着打游戏吗？你还想偷着上网吗？你还经常迟到吗？你还动不动就耍要小王子小公主的脾气吗？

同学们，2023年6月10日前，你左右高考；2023年6月10日后，高考左右你。希望你们在最后的90天里，全力以赴，全力拼搏，拼一个"生当作人杰，死亦为鬼雄"，拼一个"黄沙百战穿金甲，不破楼兰终不还"！

同学们，通过观察，我发现你们最近的状态非常好，我百分之百地相信：高考你们一定都能赢！你们一定都能考入理想的大学！

最后，祝同学们2023高考蟾宫折桂、金榜题名，祝同学们的未来人生灿烂辉煌、精彩万分！

（本文系作者在青州一中2020级18岁成人礼暨高考90天誓师大会上的即兴讲话）

【案例二】

让改变在当下发生

尊敬的各位评委：

上午好！我是××号，竞聘的岗位是××市教研室××科科长。

下面，向各位汇报一下我的个人简历、竞聘的原因、竞聘的优势、假如竞聘成功后的工作构想。

一、个人简历

本人××年×月出生，研究生学历，中共党员，先后担任××初中少先队辅导员，××初中团支部书记、教务副主任兼初三级部主任，××年至今担任教研室小学英语教研员。曾获得全国优质课一等奖、山东省优质课一等奖、山东省外语教学委员会先进工作者、潍坊市教学能手等荣誉称号。

二、竞聘的优势

第一，我有对小学教育教学深入研究的优势。担任小学英语教研员五年，不仅对英语学科有了深度的研究，而且对其他学科、对整个小学教学教研作了深入研究。五年内发表论文13篇，开展课题研究3项，参与编撰专著3部，获市县政府教学成果奖2项。

第二，我有业务指导方面的优势。五年来，在我的指导下，共有24名教师走上了省优质课和潍坊市各项教学比赛和展示活动的舞台。2014、2015年，我市连续两年在潍坊市小学英语提升工程总评中，获得第一名的优异成绩。

第三，我有管理方面的优势。参加工作后，在××学校担任教务主任，进入教研室后，牵头组织过很多全局性的重大活动，积累了丰富的管理经验，提升了组织管理能力。

三、竞聘成功后的工作构想

小学教育非常重要。对区域教育而言，小学教育是基础教育的基础。孩子在小学阶段是否养成良好的习惯，是否形成科学的思维方式，是否奠定坚实的学习基础，直接关系到初中、高中的持续学习和成长，影响到学校和区域教育教学质量。对个人发展而言，小学教育是一个人一生成长和发展的基础，决定着一个人一生能否成功与幸福。

假如竞聘成功，我将确定以"生动活泼、品质卓越"作为××市小学教育改革发展的总体目标，高举"立德树人""提高质量"两面大旗，努力推进四项变革，推进××市小学教育一步步走向潍坊乃至全省前列。

第一，变革校长思维方式。改变小学教育，必须首先改变小学校长。一是引领读书学习。让广大校长养成读书学习的习惯，不断提高境界，拓宽视野，逐步成为专家型校长。二是引领寻标对标。开设"××教研讲堂"，把全国知名小学校长、专家请到××讲学；组织小学校长走进省内外名校，现场观摩，视觉冲击，解放思想，激励前行。

第二，变革教师专业发展方式。教师专业发展是小学教育教学的关键支撑。通过组织参与式、体验式培训，开展有吸引力、有生命力的校本教研活动，建设专业发展共同体等措施，搭建教师专业发展平台，改变教师专业行走方式，让教师走向专业自觉，提升职业幸福。

第三，变革课程与课堂的生态。课程与课堂改革是小学教育教学的核心。我将坚守三个"底线"：开全课程、上足课时，这是保障学生全面发展的底线；落实课程标准、抓实教学常规，这是保障教学质量的底线；坚持以生为本、面向全体施教，这是落实立德树人的底线。

第四，变革教研服务模式。改变传统的一刀切、全覆盖、低效益的"自上而下"的指导、视导模式，大力开展订单式教研服务，做到"学校有所呼，教研有所应""教师有需求，教研有行动"，根据学校和教师的实际需求、个性化需求规划设计教研活动，构建

"自下而上"的教研服务模式。

让改变在当下发生，××教育亟须变革，××小学教育更不能再等待！我愿为此奋斗不已！

演讲完毕，不当之处请批评指正！谢谢！

（作者系山东省潍坊市某县市区教研员）

（三）体态语言力

体态语言力，也叫肢体语言力，是教师用身体动作来表达情感、交流信息、说明意向的沟通手段。教师的体态语言包括目光语言、表情语言、手势语言和身姿语言等。

1. 目光语言

眼睛是心灵的窗户。爱默生认为："人的眼睛和所说的话一样多，不需要字典就能从眼睛的语言中了解内心世界。"眼睛非常复杂、深刻、微妙，眼神是一种富有表现力的体态语言。教师在课堂教学中常用三种目光语言：一是环顾法，用眼睛环视学生；二是专注法，用眼睛专注于一人、一事；三是虚视法，似看非看。教师的眼神常常表达着对人与事的是非、好恶、褒贬、爱憎，眼神语言相当重要。通常情况下，教师眼神要充满对学生的呵护、欣赏、赞美。这也是表达友爱型师生关系的重要途径。

2. 表情语言

表情能传达喜怒哀乐，教师要善于用表情来说话。表情要准确，与内心活动相一致；要亲切、温和，缩小师生之间的心理距离；要适度，讲究分寸，不温不火，适可而止。

3. 手势语言

手势语是人们在交往和谈话过程中用来传递信息的手部动作，能增强表现力。譬如：模拟形状，增强直观性；敲桌子引起人的注意等。再如：抚摸，很多教师常常用抚摸学生头部，表示对学生的肯定、鼓励，多用这一表达方式，对提高学生的自信心会起到很大的作用；轻拍，当学生正确而完美地回答问题后，教师可轻轻拍一下学生的肩膀，以示肯定，辅助于"很好""太好了"等语言，也是很好的表达方式。

4. 身姿语言

身姿语是身体的动态姿势，通过身体姿势传递信息，也包括与学生的身体轻微接触，譬如拥抱。拥抱是表达爱的最佳方式。教师可在新学期开学时，给学生一个拥抱，表达对学生的思念；当学生取得优异成绩时，给学生一个拥抱，以示祝贺；当学生遇到烦恼、受到打击或心情低落时，给学生一个拥抱，以示同情与关心。有的学校每天新生入学，班主任就在校门口或教室门口给学生一个拥抱，迎接学生到校，开启学生幸福美好的一天，让学生一整天沉浸在爱的回味里，收到了绝佳的教育效果。教师可在合适的时机适度拥抱学生。

做一名教育家型教师

第六章

修炼课程力：教育家型教师落实立德树人的核心任务

课程是学校的核心产品。课程建设应与学校培养目标相一致，应立足每一位学生的成长需求，应符合学生的认知规律和学科学习规律。

——李希贵

在基础教育领域，课程改革是一项非常重要的改革。多年来，这一改革一直在推进，一直在进阶，一直在路上，并呈现出繁花似锦、满园春色、各美其美、精彩不断的气象。而且一轮又一轮的课程改革都取得了斐然成绩，推动中小学教育日臻完善。教师要不断强化课程意识，不断提高课程研发、整合、实施、评价能力，笔者将这种能力称为"课程力"。拥有强大的课程力，是每一名教育家型教师的必备素养与能力。

一、课程的概念

课程是教育领域一个非常重要的概念。但什么是课程？课程的定义是什么？由于角度不同，人们对课程的认识分歧很大，迄今，国内外没有一个专家学者对课程下一个准确的定义，并被学界认可、采纳。但是，由于课程的重要性，我们对其应该有一个基本的认知。

（一）课程概念的出现

在中国，"课程"一词最早出现在唐朝孔颖达在《五经正义》里，为《诗经·小雅·巧言》中"奕奕寝庙，君子作之"一句做的注疏"以教护课程，必君子监之，乃得依法制也"。这里，孔颖达用"课程"一词指"寝庙"及其喻义"伟业"。

在西方，"课程"一词最常用的解释源于拉丁语词根，意为"跑道"（race course）。到1859年，英国著名教育家、哲学家斯宾塞将"课程"一词用来指代"学习内容的系统组织"。此后，西方学者不断提出了几百种关于"课程"的定义。

（二）近现代国内外关于课程的相关观点

近现代国内很多专家学者，像王策三、陈侠、刘克兰、丛立新、陈旭远等提出了很多关于课程的观点。譬如，王策三认为，"课程是教学内容及进程的总和。"陈侠认为，"课程一般是指学校的教学内容。"在《辞海》中，对"课程"是这样定义的："课程为教学的科目。可以指一个教学科目，也可以指学校的或一个专业的全部教学科目，或指一组教学科目。"《中国大百科全书》对"课程"是这样定义的："课程有广义、狭义两种。广义指所有学科（教学科目）的总和，或指学生在教师指导下各种活动的总和。狭义指一门学科。"

日本教育家佐藤学认为，课程是"学习的经验"，也是"学习的轨迹""学习的履历"。这种观点与国内不少专家的观点相似。

（三）课程的主要作用

课程在整个教育体系中居于核心地位，主要作用包括四个方面：体现学校培养人才的规划；是教与学的主要依据和标准；促进学生全面而有个性地发展；评估教育教学质量的主要依据。

（四）课程的分类

课程的分类有很多维度、很多标准，所以分类方法也有很多。笔者倾向于以下五种分类方法：

（1）按照课程的设计形式，分为学科课程和活动课程。学科课程是按不同的门类划分标准，并按知识的逻辑体系开发设计的；活动课程是以增强学生活动体验为目的而开发设计的课程，可以是课堂上的活动，也可以是校内的活动，还可以是校外的活动。

（2）按照学生选择课程的自主性，分为必修课程和选修课程。必修课程是为保障全体学生的基本学力而开设的，所有学生必须学习；选修课程指学生在一定范围内根据自己的兴趣爱好自主选择学习的课程。

（3）按照课程的设计者，分为国家课程、地方课程、校本课程。

（4）按照课程的任务，分为基础性课程、拓展性课程、研究性课程。

（5）按照课程的存在形式及可观可视程度，分为显性课程、隐性课程。

（五）对当下课程改革的基本认识

教师要不断增强课程意识和课程改革意识，明确以下六点：

（1）课程是实现国家教育战略目标和学校发展目标的主要支撑，是育人的主要载体。

（2）课程改革是实现学校内涵发展、优质发展、特色发展、创新发展的必然途径。

（3）校长的办学思想与价值追求、学校的办学理念与办学目标都要通过课程予以体现和实现。

（4）推进课程改革是教育教学工作实现减负增效、提升品质、促进学生更好成长与发展的客观需要。

（5）推进课程改革是教师的核心工作，教师是课程改革的核心力量。

（6）随着人工智能和自动化技术的日渐发达，课程的内涵将更加丰富，外延将更加宽泛，开放性将不断提高。

二、课程的整合

这里的"整合"，主要指国家课程的整合。国家课程体现国家意志，是地方课程和校本课程建设和实施的依据和基础。在不同地域、不同学校，由于文化不同、校情不同、师资不同、生源不同，不同学校、不同教师不可能采取同一种课程实施方法，必须因地制宜、因校制宜、因人制宜。所以，国家课程的实施，要坚持以校为本、以师为本、以生为本。在这"三本"的原则要求下，进行整合实施。严格意义上说，每一名教师对课程的实施，都是在整合了之后的实施。这种整合，包括基于教学进度的整合、基于学科内容的整合、基于学生差异的整合。

（一）基于教学进度的整合

这一整合充分体现教师对课程内容的把握深度和实施技巧，但整合后学科素养培养目标和总体教学目标不能受到影响，不能被削弱。潍坊的韩兴娥老师探索出的小学语文海量阅读教学法，把一学期该讲的课文利用两星期的时间就讲完，其他时间引领学生开展课内大阅读。这一教学方法引发了小学语文教学的革命。崔峦先生听完韩老师的课后说："这样的语文教学实验切实体现了语文的最高追求和完美境界，对于语文教学极为有益。"韩兴娥老师的小学语文海量阅读教学法被评为2018年国家基础教育教学成果一等奖。尽管这是个例，但有很深的启发和借鉴意义。

（二）基于学科内容的整合

1. 同学科内容的整合

同学科内容的整合主要是打破教材编排顺序，对不同学期、不同单元、不同模块、不同主题、不同课题、不同版本的课程内容，甚至对不同学段的课程内容进行重新组合，形成新的授课单元、授课内容，并在一定时段内予以实施，授课效果远远优于整合前。

被称为"传奇名师"的已故数学名家孙维刚老师，在他教的班，初一学完全部初中数学内容，初二、初三学完全部高中内容，高中学完大学内容。孙老师把中学数学教学归纳了4个大规律、15个中规律、30多个小规律，他仅用三个半天便教完了高中数学的118个公式，并且学生能够全部掌握。他的学生课前不用预习，课上没有笔记，课后没有作业。他教的是三流学生，但一半以上的学生能被清华、北大录取，大学本科升学率100%。孙维刚到底靠什么呢？他说："我给学生出一道题，自己要先做10道题，从中选出最精彩、最典型、最能启发学生思维的。"

孙维刚老师的数学课程整合，既是同学科内容的整合，又是跨学段内容的整合，还是基于教学进度的整合，是课程整合的典型案例。

山东省寿光市世纪学校语文教师毕迎春经过多年实践，探索出了"1＋X单元授课教学"的方式。她依据语文课程的特点，立足"语文素养主题"，渗透"人文素养主题"，围绕"双主题"进行科学合理的整合，从每组教材中精选一篇文章作为例子，带领学生精读，以例悟法；再把这组教材中剩余的文章和拓展的大量文章，组织学生略读，依法自学。课堂省时高效，三分之一的课内时间读完教材，三分之二的课内时间进行拓展阅读和语文实践活动。这有效地解决了学生读书少和不读书的问题，至小学毕业，学生的阅读量能达到近千万字。这也是一个对教学内容重新整合的典型案例。

2. 跨学科内容的整合

跨学科内容的整合主要对不同学科相同、相近、相关联的内容进行整合，形成新的课程，并在一定时段内予以实施。跨学科内容的整合可以规避不同学科内容交叉重复问题，能有效地减轻学生课业负担，促进学生综合素质提升。譬如，潍坊市临朐海尔希望小学多年前就根据培养"顶天立地，秀外慧中"中国人的办学目标而将学校课程整合为"6＋n自由生长课程"，"6"即六门必修课程，包括阅读与写作、数学与现实、英语与世界、艺术与审美、体育与健康、探索与实践。其中，探索与实践课程就整合了综合实践活动、科学、品德与社会、安全教育、环境教育、信息技术六门课程，有效地解决了小学学科课程门类多、内容交叉重复等现象，减轻了学生的课业负担，提高了学生学习的积极性。

（三）基于学生差异的整合

针对学生个体的不同，鼓励各学段、各学科开发分层分类课程，基于难度深度，突出分层设计，让学科课程最大限度地适合每个学生。这种整合能够有效地解决不同层次学生的学习问题，使成绩优异的学生学得更好，成绩中等的学生保持积极性，学困生立足基础、不断提高。这种整合更好地落实了关注差异、面向全体、因材施教的理念。

北京十一学校及其联盟校以国家课程为蓝本，依据学生的个性发展需求，构建学科分层课程体系。比如，对数学、物理、化学、生物等理科课程，按照课程难度进行分层设置，从Ⅰ层到Ⅲ层等逐渐加深。以数学为例，由易到难分为五层：数学Ⅰ是高考文科的基本内容，适合人文方向的学生；数学Ⅱ针对工程、经济类方向的学生；数学Ⅲ是高考理科的基本内容，适合工、农、医、经等方向的学生；数学Ⅳ面对三年制高中数理方向、自主学习习惯和能力较强的学生，对课标进行了较大幅度的内容提升；数学Ⅴ面对四年制高中数理方向、酷爱数学、具备了一定数学思维的学生。为满足一部分学有余力、希望提前进入大学相关专业课程学习的学生需求，学校还开设了大学先修课程。

（四）几类前沿整合课程

1. STEAM课程

STEAM课程就是集科学技术、工程、艺术、数学多学科融合的综合教育课程。其中"S"代表科学（Science），"T"代表技术（Technology），"E"代表工程（Engineering），"A"代表艺术（Arts），"M"数学（Mathematics）。

STEAM是一种教育理念，是一种重实践的超学科教育概念，有别于传统的单学科、重书本知识的教育方式。任何事情的成功都不能仅仅依靠某一种能力，而是需要多种能力融合，比如高科技电子产品的建造过程中，不仅需要科学技术，运用高科技手段创新产品功能，还需要好看的外观，也就是艺术等方面的综合才能。所以单一技能的运用已经无法支撑未来人才的发展，未来，我们需要的是多方面的综合型人才。在这一背景下，探索出了STEAM

教育理念。

STEAM 教育理念最早由美国提出，主要是为加强美国 K12 关于科学、技术、工程、艺术以及数学的教育。STEAM 的前身是 STEM 理念，后来又加入了 Arts，也就是"艺术"，变得更加全面。STEAM 教育在美国的重要性不亚于中国的素质教育，在美国大部分中小学都设有 STEAM 教育专项经费开支，而 STEAM 也被老师、校长、教育家们时时挂在嘴边。在 STEAM 教育的号召下，机器人、3D 打印机进入了学校；美国前总统奥巴马也加入了全民学编程的队伍，写下了自己的第一条代码；帮助孩子们学习数学、科学的教育科技产品层出不穷。而且这五个学科中，技术和工程结合，艺术和数学结合，打破了常规学科界限。

但在中国，STEAM 课程要理性看待。由于中外文化背景存在差异，中国学生在方案撰写能力、调查研究能力等方面还有不足，成为影响 STEAM 课程实施效果的主要因素之一；课堂性质发生异变，基本上变成了动手的物理课；课时过少过短，一节完整的 STEAM 课至少需要 3~4 课时，而我们中国很多学校都达不到；专业资源不足，STEAM 课以产品作为最终呈现，我们大多缺乏专业教室和必备工具；师资方面，中国本土 STEAM 课程比较缺乏，而全靠外籍教师是不行的。

2. 戏剧课程

戏剧课程是一门涵盖了文学、历史、音乐、舞蹈、表演及美术等多学科的综合性艺术教育课程。戏剧课程的最大魅力是体验式教学。很多欧美国家的戏剧教育渗透到孩子成长的各个阶段，其体验式教学模式也备受推崇。

与中国人把戏剧看作一门工具，甚至是日后的就业方向不同，欧美国家多把戏剧教育纳入基础教育，视为一项全民必备的素质。根据美国戏剧教育协会的统计，99% 的美国高中管理者认为，学习戏剧能提高学生的自信心、自我理解和自律能力，91% 的美国高中校长认为，学习戏剧有助于提升学生

做一名教育家型教师

的综合学术能力。

戏剧虽然目前在欧美教育体系中占有至关重要的地位，但作为一门课程的历史并不长。19世纪末，美国教育家杜威等人以戏剧为手段在学校展开了一系列实践。杜威认为，戏剧教育应作为一种学习和认知的手段，帮助学生感知这个世界。他指出："戏剧作为一种重要的教学方法，对学生的学习、表达、合作、想象和社交等能力的培养具有不可替代的优势，是音乐、美术等其他艺术教育不能比拟的。"1992年，英国将戏剧教育纳入青少年基础课程，并将它作为青少年学习母语的重要途径之一。英国学生的语文课包括排演戏剧、写小说和诗歌等内容。1994年1月，美国国会通过了著名的《艺术教育国家标准》法案，明确将戏剧与音乐、视觉艺术和舞蹈一起列为艺术教育的重要组成部分。现在，美国很多著名高校，譬如耶鲁大学、加州大学、纽约大学等，均开设戏剧专业，其中耶鲁大学的戏剧专业跟耶鲁法学院一样声名斐然。

戏剧课程不仅是教学生演戏，更是通过排演的方式来提升学生的感受力、表现力、理解力、创造力、动手能力和团队合作精神。开设戏剧课程，是激发学生学习兴趣的重要手段，是实现学科整合实施的重要途径，是落实立德树人任务、实施素质教育的重要渠道。有的学校在语文等学科教学中排演课本剧，在课外活动中排演莎士比亚戏剧等，都是戏剧课程的表现形式。下面是山东省临朐县第一实验小学把戏剧课与语文教学有机整合的典型案例：

走进戏剧，演绎精彩
——儿童戏剧在小学语文教学中的探索与实践
山东省临朐县第一实验小学

戏剧，在我们的传统观念里，就是一门表演艺术而已。但是，作为我们学校开设的儿童戏剧课程，其功能已远远超越了戏剧本身——

它不是单纯地教给戏剧知识、表演技能，而是指向学生的全面发展。用美国最有影响力的传奇老师——雷夫·艾思奎斯的话说："我们的演出不是为了得到经久不息的掌声或起立喝彩，而是关乎语言、音乐、团队合作、冒险、纪律、勤勉以及自我发现。"

它不是培养少数有表演天赋的儿童，而是让每一个参与其中的孩子都能从中学会合作、学会创新、学会妥协、学会分享、学会发现……

当儿童戏剧成为课程，孩子们在学习之余，多了一个宣泄情感、放松心理、体验人生、丰富心灵的平台和通道，带给他们的是从未有过的成长体验，给教育带来的也是无法言说的美妙图景。

一、探索与创新

伴随节奏欢快的音乐，老师带领同学们或跑或走或蹦或跳，同时做出各种动作，间或还模仿一下老年人、机器人、各种动物，最后，所有的人面向圆心趴在地上，像孩子一样伸展身体……是什么让五六十个六年级的孩子，这么专注地听"指挥"呢？是儿童戏剧。

我们在教学中尝试的儿童戏剧教学，是指在语文教学中以戏剧表演为载体，在课文与整本书的学习中，学生通过阅读、编剧、表演、赏评等形式，感受文学与戏剧的魅力，从而提升学生语文素养、审美水平与艺术品位。

多年实践证明，儿童戏剧是一种有趣而且有效的教学方式。在戏剧表演中，学生通过全方位式表达，不仅培养了他们的感受力、理解力、表现力、创造力，还张扬了个性，塑造了品格，培养了团队合作精神。2015年9月28日，国务院办公厅发布了《关于全面加强和改进学校美育工作的意见》，要求我国中小学在三年内逐步开齐开足美育课程。而戏剧作为单列的课程内容第一次被提出来，可以预见，"戏剧课"必将迅速成为中小学一门不仅仅属于美育，更指向全人教育的综合课程。

二、研究与实践

我们开展的儿童戏剧始于 2012 年春季，在潍坊市教科院薛炳群主任指导下开始实践，到现在已经四年半了。想当初，学生在老师的指导下学着把课文改编成剧本，自己安排角色、自己设计服装道具等，一个月后进行了汇报展示。有模有样的演出，得到了学校领导、科任老师、其他班级学生的好评。从此以后，学生的演戏热情一发不可收。

（一）讲台变舞台，体验戏剧精彩

最初我们先把戏剧引入语文教学中。在语文课上，如接触到一篇课文，它有人物，有故事，有情节，甚至有对话，则可以短时酝酿，分配角色，论台词，议细节，改变文体，当堂表演。在老师的一声令下，教室立刻变成剧场，教材中的角色活灵活现地再现在教室中，学生成了热情的演员或观众，全部进入了教材描写的情境之中，讲台变成了学生表演的舞台，课堂充满了情趣，学生成了真正的主角。但是演戏跟学习课文有很大不同，演戏从选到演至少需要一个月的周期，经过选、编、读、排、展、评六个阶段，还需要配以音乐、舞蹈、美术等，是集综合性、实践性学习的过程，锻炼学生综合性能力，这是常规语文课所不具备的。

（1）选戏：就是把教材中适合排练的课文筛选出来，如《小蝌蚪找妈妈》《三顾茅庐》《负荆请罪》《刘姥姥进大观园》《花木兰》等。

（2）编戏：是对选好的文本进行二次创作，编成剧本。剧本的构成包括人物、人物的台词和舞台说明等。

（3）读戏：是学生对剧本进行分角色朗读，使学生从语言上理解与把握剧中人物的特点。

（4）排戏：是以小组为单位进行戏剧排练，在每一个小组内学生自行选定导演、演员，分角色进行排练，自定服装道具等。

（5）展戏：是学生把排练好的剧目定期演给其他班级同学、老师或家长看。这也是学生兴奋、紧张的时刻，也是最期盼的环节，它使学生变得越来越自信、越来越有同理心了。

（6）评戏：在每次演出结束后，老师引导学生对演员的表演、对场景的制作和布置、对选曲等方面进行自我评价和相互评价。

经过一段时间的实践，我们发现，当将戏剧引入课堂时，学习氛围异常活跃，课文中的角色不再是在书本上，而就是自己或自己班集体的同学，他们个个兴奋不已。全体学生都在无意识作用下不知不觉地进入角色，全身心地投入了教学活动中，这样的教学难道不是在落实"以生为本"的现代教育精神吗？

随后我们不再满足于课本剧的演绎，而是走向了整本书的绘本剧、童话剧、原创剧的大阅读教学。当学生们具备了一定的表演基础后，我们又走进经典剧目，如老舍的经典话剧《茶馆》、英国的莎士比亚剧等，让学生有一种"大腕"的感觉，过一过戏剧瘾。

（二）课堂变学堂，展示学生精彩

看，学生们正用自己的身体和动作表现着气球或大或小、或放或收、或飞或跑的变化，"气球人大战""气球去旅行"等一个个故事情节被学生们演绎得惟妙惟肖……这是袁老师和学生们上的一节创意戏剧课。戏剧课上我们的工具就是我们的身体，我们的身体是无所不能的，照镜子、木头人、太空漫步等好玩的游戏走进了语文课堂，学生们全身心地体验，用心与人沟通、合作、交流……那发自内心的飞扬神采是平常的课堂里所未见到的，也让我们看到了教育无法言说的美妙图景。

在此基础上我们开始大胆地将课堂的主动权还给学生，要让学生参与到课堂教学的全过程，使每位学生都有参与教学的机会，体验到参与成功带来的满足。从一开始老师举办戏剧专题讲座到学生体验式、辩论式的戏剧论坛，再到语文课上学生轮流当小老师自己讲课学习，全班学生都参与学也参与教……老师不用在讲台上滔滔不绝地讲，而是与学生一起探讨，轻松地徜徉在学生中间，倾听他们的讨论，给他们个别指点，课堂其乐融融，充满生命的活力。经过一段时间的实践、磨合，学生喜欢上了这样的教学方式，我们老师也有了巨大的收获：眼前的学生都是那样优秀！那些平时沉默寡言、成绩平平的学生，思维竟然也如此敏捷、深刻！原来他们尚有巨大的潜力可挖！

（三）常规变创新，评价成果精彩

"大家一起来演戏"已经成为班级的特色。每天老师都会偷偷地告诉几位学生，他今天的角色是什么，小组长、小老师、小班长、学习委员甚至是班主任等，放学前同学们一起来猜他们承担的是什么角色。学生们被这一新颖的做法吸引着，每天认真地扮演好老师布置的角色，仔细地评价着承担角色的同学的表现……

学生们还从"参与合作态度""解决问题能力""舞台表现水平""学习模仿能力""交流沟通意愿"五个维度对自己或他人表演进行多元评价，并且对每一个剧组进行集体评价。他们共同制作评价表，根据每个人的表现，实行加减分制。分数高的优先在下一次演出中选择剧本和角色，最优秀的同学可直接被任命为剧组导演。评价已经成为人人都参与的事情，学生为拥有评价权而更加自信和骄傲。

三、收获与成长

（一）搭建了学生成长的舞台

1. 形成了良好班风

学生从剧本到角色，从串词到动作，从按部就班到入戏逼真，一次次地改进，一遍遍地磨合，忙得不亦乐乎。他们无暇再去打闹，上课也认真了许多，班内很快形成了"比、学、赶、超"的良好氛围，班级凝聚力越来越强，小组合作能力也越来越强，学习成绩越来越好。实施戏剧课程的班级，多次被评为临朐县优秀中队、优秀班集体，全班同学也经常代表学校参加全国、省、市、县级各类汇报演出，多次获得一等奖并受到了与会领导、老师的高度评价。

2. 发展了学生个性

阳光、快乐、自信、博学，是参与戏剧课程班学生的标志。为学生搭建的这方戏剧舞台，激发学生学习兴趣的同时，也带给学生从未有过的成长体验——自信、合作、创新、分享、妥协、体谅……如六四班的小东，易怒、爱动手，是有名的"捣蛋鬼"，自从参与表演了《经典伴我成长》后，他竟能和同学和谐相处了……是啊，戏剧排演过程中演员会随时听到来自各方的反馈乃至批评，这种经历让学生习惯倾听不同的声音，在面对批评时能够虚心受教，而非粗鲁辩解。学生在演戏过程中锻炼了各种能力，个性与特长得到充分展示，多人次荣获莺都"好儿童"、市"四好少年"、市"美德之星"、县"优秀少先队员"、县"道德之星"、县"美德少年"

等，先后有近百名学生在各级各类比赛中获奖。

（二）叙写了精彩的教学生活

儿童戏剧教学带给学生精彩的同时，不仅改变了我们的课堂教学，也促进了老师的专业成长。袁丽老师从一名普通的语文老师成长为优秀的学科带头人，先后被评为市"教学能手"、市"优秀班主任"、市"学科育人先进标兵"、县"优秀教师等荣誉称号"，多次到甘肃、内蒙古、重庆等地讲课作报告；高晓燕老师的儿歌童谣，通过模仿与创编，感受着书香文化的魅力，自己也获得了市"青年教改先锋"、县"优秀教师"等荣誉称号；宗蜀峰老师开创了"戏曲进课堂"特色教学法，并被评为市"教学能手"；王文君老师开展的国学经典，通过编演小古文，学生学习古文的兴趣高涨；李洋洋老师带领学生排练的英语童话剧，得到了领导老师的一致好评，迅速成长为县英语骨干教师；杨立萍老师也多次在各级各类课堂教学大赛中获奖……《潍坊教育》在"学校品牌建设"栏目以《走进戏剧，演绎精彩》为题介绍了我们的经验做法，山东教育报社也专程来我校进行了采访。2015年6月，潍坊市举行了小学语文课程改革暨袁丽戏剧教学观摩研讨会，推介了我们的戏剧课程。

（三）带动了学校教学改革

为了拓宽学科学习的渠道、增加多元文化的积淀、开发每位学生的潜能等，我们建构了整个儿童戏剧课程，设定课程目标，细化螺旋上升的课程内容。

从2012年开始的语文渗透式戏剧教学，到后来各学科开展的主题式戏剧教学，再到现在以儿童戏剧为支撑重点打造的"儿童戏剧跨界课程"，我们学校的课程改革正在叙写着自己的精彩。学校《儿童戏剧课程纲要》已经出炉，它将语文、英语、美术、音乐、思品等很多课程进行了统整与跨界，涵盖了所有学段、所有的学生，并将之纳入了课程表。

3. 全课程

全课程是以培养"全人"为目标，覆盖"学校全部生活"，推动学科全面融合，面向与教学相关全部要素的综合性课程改革。其唯一指向是培养人格健全、思维活跃、个性鲜明、素质全面的儿童。全课程的核心是所有课程全部整合，实施的主要途径是主题学习。开设全课程的目的就是让孩子们学得更加开放饱满、更加有趣好玩、更接生活的地气。目前，全课程主要在小学阶段实验推行。

譬如，北京亦庄实验小学一年级全课程的实施情况是，在120平方米的主题教室里，两个老师（主班和副班）包一个班级，建立起了一个像家一样的教室。一年级的始业课程，共设计了八个主题（一个主题用一个月左右的时间完成）：我是一名小学生了；我和我的动物朋友；拼音国探险记；和冬爷爷在一起；我爱我家；春天在哪里；神奇的海洋世界；我们不一样，我们都很棒。这八个主题，从儿童的生活出发，到儿童与自然、世界的关系，最后回到儿童对自己生命的理解，帮助儿童建构起一个懵懂而完整的世界。每一个主题的学习，由语文、数学、音乐、美术、科学、体育游戏等各个学科共同支撑，知识、生活、生命之间的互相打通，是主题学习的核心。为此，学校对教材进行了重新定位，编写了《开学啦》《下雪天》《春天在哪里》《我们都很棒》四本读本（一个学期两本），作为师生共同学习的重要载体。

潍坊市高新区现代钢城学校创新性建构实施了 UDP 课程：U 即 Understanding（理解力）；D 即 Development（发展）；P 即 Practice（实践），其实就是一种全课程。该课程的一个中心是：立德树人；两个为本：学生为本、概念为本；三大特征：真实情境、概念驱动、探究式学习。具体做法：第一步，选取超学科主题，确定三大关系（我与我、我与自然、我与他人社会）为学习内容，其他都是方法和手段；超学科内容由"学科知识、超学科技能、超学科态度、行动"等支撑。第二步，根据学科主题设计学习活动，在设计学习活动时，坚持活动与知识的一体化，立德树人、价值观的形成在活动中实现；在开展活动中把生活中的问题找出来，用学科的知识去解决，而不是把学科问题生活化（学科问题生活化容易造成知识碎片化）；活动的顺序决定了孩子思维的条理性。

该校一至五年级超学科主题如表2所示。

表 2　超学科主题

年级	我与自己	我与自然	我与他人社会
一年级	学校、家庭	秋天、空气	节日、交通工具
二年级	身体系统、家乡	声音、动物	测量、消费
三年级	价值、人类迁移	能量、光	沟通、组织
四年级	新年、历史	自然现象、材料	社区服务、艺术
五年级	变化、探索	力量、科学技术	和平冲突、领导

三、课程的研发

与地方课程一样，校本课程是国家课程的重要延伸、拓展、补充。校本课程更能体现一个学校的目标与定位、理念与特色。开发实施校本课程，是学校、教师义不容辞的责任。教师要具备开发实施校本课程的专业能力。

校本课程的研发要"因需"而为，也就是说，有需要就开发，没有需要、没有价值的校本课程便没有开发的必要。那种校本课程堆砌一大堆，但没有实际用途甚至有开发无实施的盲目行为应该杜绝。这里的"需"，包括四个层面：一是实现学校办学理念和发展目标的客观需要；二是辅助学科课程（文化课程）实施的客观需要；三是有益于学生素养能力提升的客观需要；四是满足学生多样选择、多元发展的需要。

当下，研发校本课程要遵循以下原则：

第一，要着眼国家战略。课程研发一定要服务、服从于国家战略，服务于建设有中国特色社会主义高素质人才的培养目标。我们国家确定了社会主义核心价值观，即"富强、民主、文明、和谐，自由、平等、公正、法治，爱国、敬业、诚信、友善。""富强、民主、文明、和谐"是国家层面的价值要求，"自由、平等、公正、法治"是社会层面的价值要求，"爱国、敬业、诚信、友善"是公民层面的价值要求。社会主义核心价值观应该成为我们规划、设计、编制、实施课程的根本指导思想和价值追求。

第二，要坚持以人为本。这里的"人"主要指学生，即课程在规划、设计、开发、实施中要坚持以学生为本，以促进学生德智体美劳全面发展为本，以促进学生的健康成长为本，而不是以教师为本，以分数为本。

第三，要突出文化内涵。课程是文化的缩影，包含着一个国家优秀的传统文化。课程建设与实施必须重视挖掘文化内涵，提升其教育价值与文化传承职责。

第四，要紧跟时代步伐。在课程的编制、实施上，要及时吸纳时代的新发展、新变化、新时尚、新成果的相关元素，适时淘汰落后的、陈旧的内容。这也是现代化的应有要义。

第五，要有全球视野。适应全球化发展的趋势，教育事业的发展同其他事业一样，既要扎根中国，也要放眼全球。课程建设同样如此，要吸纳国际上先进的东西，培养具有开放意识和全球视野的中国人。

第六，要基于学校实际。三个基点：办学目标需求；学生成长需要；专业师资保障。

在国家课程的整合实施与校本课程的开发实施方面，北京十一学校给全国树立了榜样。学校每一名学生都有一张自己的课表，课程设置的个性化和可选择性已经达到近乎完美的境界。

四、课程的评价

教育部原部长袁贵仁在《中小学校管理评价》一书中指出："课程评价是依据一定的评价标准，采取定性与定量相结合的方法收集信息，对课程体系构建的科学性以及课程实施条件、实施过程与实施效果进行价值判断的过程。"对基层教育教研部门和学校来说，对课程实施效果的评价是最重要的。而课程实施效果主要体现在学生身上。所以，在对课程实施效果的评价中，要坚持以学生为本，体现评价内容的全面性、评价方式的多样性和评价主体的多元化。对教师来说，要具有课程的自我评价能力。

一是评价内容的全面性。从学科角度来说，不能只评价语文、数学、英语、物理、化学、生物、政治、历史、地理等所谓的"主要学科"，而忽视音乐、体育、美术、信息技术、综合实践等所谓的"边缘学科"。这是贯彻国家教育方针、开全上齐课程，促进学生全面发展的基本要求，是底线。从学生素质发展角度来说，要从道德品质、学业质量、身心状况、兴趣特长、课业负担五个维度对学生进行全面评价，突出社会责任感、创新精神和实践能力的要求，绝不能仅仅以考试分数来评价学生。

二是评价方式的多样性。根据各个学科的不同特点，可以采用多种评价方式。譬如，语文学科，纸笔测试（传统意义上的考试）是必不可少的，但也可以采用现场朗读、口语交流等方式，测试学生语言表达能力。其他学科都可以采用各种测试方法，譬如科学学科的现场做实验，音乐学科的现场唱歌等。对学生道德品质的评价，可采用问卷、座谈、观察等措施。

表3是青州市各项评价指标的评价方式。

表 3　青州市各项评价指标的评价方式

评价方式	指标内容
纸笔测试	语文、数学、英语、品德、科学、综合实践等国家课程和部分地方课程的学业发展水平
技能测试	语文普通话、英语口语、歌曲演唱、科学实验、体质测评、美术绘画
现场调查	学生学习习惯、行为习惯养成调查
问卷调查	品德发展水平、学习动机、学习方法、教师的教学方法等

三是评价主体的开放性。教育教研部门、学校、教师、专家、家长、学生本人、同学都是评价主体。在现代化的教育教学体系中，单靠学校和教师对课程实施效果进行评价是不完整的、不科学的，必须实行开放评价，让家长等参与，实现评价主体的多元化。特别是要充分发挥学生自我评价和同学相互评价的作用，听取专家和家长的意见，通过评价主体的多元化，提高评价结果的信度和效度。

　　　　　做一名教育家型教师

第七章

修炼课堂力：教育家型教师以课堂为安身立命根基

我一走上讲台，生命就开始歌唱。

——于漪

课程的实施主要通过课堂教学实现。课堂是落实立德树人任务、提高育人质量、促进学生发展的主阵地；课堂是实施课程的地方，是师生生命成长的地方。苏霍姆林斯基说："课堂是点燃求知欲和道德信念的火把的第一颗火星。"人民教育家于漪说："我一走上讲台，生命就开始歌唱。"

教育家型教师都把课堂作为安身立命之根本，深入研究课堂，不断改进课堂，努力提高课堂教学的技巧、能力、艺术。这些技巧、能力、艺术等，笔者统称为"课堂力"。

一、课堂的基本概念

美国教育家孟禄说，人类最初的教育起源于模仿。譬如说，一个人看到另一个人头上戴着花环很好看，就迅速模仿，自己也戴上一个。以此类推，到最后，很多人都觉得自己应该找一个见多识广的人去学习、模仿。在古代甚至史前，见多识广的人肯定是老人，于是老人成为最早的教师，老人聚集的地方成为最早的课堂。在公元前 2100 年前，古巴比伦、古埃及、古印度、古中国都出现了课堂。孔子周游列国，沿途经常在大树下讲学，大树下就成为课堂。因此，课堂没有固定的地点，也没有固定的时间。

由上述课堂的起源，结合当下的课堂教学，笔者尝试给课堂下一个定义："课堂"是学生在教师指导下进行学习的时空。这一定义，包含四个要素：一是有学生，即学习者；二是有教师，学生学习的组织者、引领者（共同体）、帮助者；三是有时间，时长可长可短，譬如有的学校一节课 45 分钟，有的则40 分钟；四是有空间，或者叫场所，这个场所可以在一间屋子里（教室），也可以在屋子外（如体育课在操场上），不受限制。严格地说，具备这四个要素，才成为严格意义上的课堂。如果没有教师，没有组织者、引导者（共同体）、帮助者，学生自己学习，在家也可学，在宿舍也可学，在大树下、操场上也可学，但都不是严格意义上的课堂学习了。

做一名教育家型教师

二、当下对课堂的基本认知

当下，每名教育工作者都应对课堂有正确的基本的认知：

第一，课堂是学生在学校学习的主场域，在学校学习的其他场域都不是主场域。

第二，课堂是学生生命成长的主场域，课堂不仅关乎学生知识的习得、能力的生成，还关乎身体、心理、情感、价值观等生命的成长。

第三，课堂是教师专业成长的重要场域。只有课堂教学技艺提升了，教师专业才能真正提升。

第四，课堂是学校落实立德树人、教书育人任务乃至提高教育教学质量的主场域。学校课堂教学抓不好，学校的教学质量不可能有大的提高。

第五，课堂是一种有结构的时长，如何让课堂的"结构"更科学、更合理、更艺术，是一门学问。

第六，学校应不断改革或改进课堂，不断提升课堂品质。尤其是要尽快从"讲堂"转向"学堂"，从以教为主转向以学为主，从以教书为主转向以育人为主，这是学校所有改革或变革的核心任务。

三、课堂变革的价值追求

课堂改革或变革是学校重要的甚至核心的任务。但是，课堂变革必须坚守价值追求，即为何改、往何处改、应追求什么样的课堂、应回答好什么样的课堂，才是好的课堂、理想的课堂。基本的价值追求是，教师应摒弃满堂讲、满堂灌的"师本课堂"，努力追求以生为本的"生本课堂"，课堂从以"教"为主走向以"学"为主，变"讲堂"为"学堂"，努力构建学生喜欢的、高效的、艺术的、理想的课堂。具体价值追求有以下几个方面：

（一）生本价值追求

课堂是实现教育目标（课程目标）的主渠道，课堂教学的终极目标是发展人、完善人、成长人，课堂教学是为了学生的学习与成长，为了学生的进步与发展，包括知识、能力、情感、态度、习惯、思维、身体、心理等方方面面，即培养学生核心素养。课堂必须坚持以生为本。换句话说，课堂是学生的课堂，学生是课堂的主人，学生是课堂学习的主体。当然，教师通过课堂教学也能促进自我发展，实现教学相长，但毕竟是次要目标。建学校、开学堂的初心是为了教学生，而不是为了教教师。

坚持以生为本，教师在课堂上就要坚决摒弃满堂讲、满堂灌，真正让课堂回归学生本位，教师不能"独霸"课堂，一讲到底。北京十一学校明确规定：课堂是学生学会学习的地方，是学生的舞台，并非教师展示自我的地方；山东潍坊"271"教育集团对教师课堂教学定了三条"高压线"，其中一条就是"教师不能与学生抢风头"。这两个学校的相关规定，都彰显了课堂的生本价值追求。

课堂的生本价值追求决定了课堂上"教"与"学"的关系是"以学定教"，教师"教"的出发点和落脚点是学生的"学"。有了学生的"学"，才有教师的"教"，"学情"决定"教情"，而不是"教情"决定"学情"。学情会商应成为实施课堂教学前不可或缺的工作。原则上，教师要少讲精讲甚至不讲。研究成果显示，中小学教材上的所有知识，学生无师自通的比例高达37.5%。学生都无师自通了，自己都能学会了，教师还讲什么呢？

（二）公平价值追求

教育公平的内涵很丰富，包括城乡公平、区域公平、校际公平，但最基础、最根本的是公平对待每一个学生。体现在课堂教学上就是：课堂应是面向"每一个"的课堂，教师在课堂上要为每一个学生而教，而非只为所谓的优生而教。因为学生是具有独特个性和生命完整性的人，受家庭背景、文化习俗、经济状况、个性禀赋、成长环境等方方面面因素的影响，学生个体之间在客观上是存在差异的，教师在课堂教学过程中必须承认和接受这一差异性，并将其真正视为人个性形成和完善的内在资源，因材施教，面向每一名学生施教，促进学生的个性化发展，而不能只重视所谓的优生、尖子生，忽视差生、学困生。要公平对待每一名学生，让每一名学生都能找到存在感，都能有对话、交流、展示的机会，都能体验成长的愉悦和幸福。这是深度意义上的教育公平。只有在课堂上公平对待每一个学生，真正的教育公平才能实现。

具体操作层面，教师在备课环节要"为每一个而设计"，充分考虑所谓的差生、学困生；在授课环节要考虑到每一个学生，提问展示向学困生倾斜；在布置作业环节，要分层分类、区别对待。要坚决杜绝只把目标紧盯考所谓重点大学、重点中学的少数学生的极端错误做法。

（三）育人价值追求

课堂应是"教书"的课堂，还是"育人"的课堂？毋庸置疑，课堂教学的"主线"是学科知识学习，但在"主线"之外，在学科知识学习的过程中，要实现学科核心素养的培育，实现育人的最终目标。课堂教学不能以知识为本，要以育人为本。尤其要坚持德育为先，挖掘学科资源中的德育元素，做好结合文章，渗透德育教育，突出社会主义核心价值观教育。二流教师教书，一流教师育人。高品质的课堂一定是育人的课堂，高层次的教师一定是育人为本的教师。

人民教育家于漪就是课堂育人为本的楷模。她说，她是在课堂上搞教学，更是在课堂上搞教育。于漪老师的全部教学改革活动，都贯穿着一条鲜明的红线，那就是"教文育人"。于漪所上的语文课，充分体现着"文道统一"的精神，在听说读写训练中，结合着思想教育，恰似春风化雨，渗入学生的心灵深处，实现了教养与教育的和谐统一。

（四）生态价值追求

"生态"即原汁原味，指本来的模样，也可以叫"真实"。真实是一种境界。真实的课堂就要允许出错，允许有瑕疵，允许预料之外的问题发生。在真实的情境下，学习才会真正发生。教育来不得半点虚假，课堂更要追求真实，一切假提问、假回答、假讨论、假合作都要杜绝。

经团队研究、多轮打磨之后的研究课会比常态课要精彩，但这种精彩也必然是真实的呈现，是全新生成的二次创作。有的教师备课很认真，预设很充分，流程安排很精细，但课堂上一遇到新的问题便不知所措，慌了手脚，这是把控课堂的能力不够，还需要不断锤炼、提升。

（五）高效价值追求

"高效课堂"是学校、教师孜孜追求的目标。"高效"即追求课堂目标的高达成度，重点得以突出，难点得到突破，学生不仅该学会的学会了，该理解的理解了，该记住的记住了，而且思维得到了启迪，能力得到了提高，素养得到了培养。教师讲得天花乱坠，课堂气氛生动活跃，但教学目标达成度不高，仍不是一节成功的课。结果的高效必然源于过程的精细和卓越。课堂教学过程中，教师要关注每一个细节，哪怕一句话、一个字、一个提问、一个眼神都要彰显科学严谨、周到细致。细节决定成败，每一个细节的完美成就课堂的完美。

（六）开放价值追求

与传统课堂的师生二元对立相比，现代课堂的基本特征是平等与开放。这种平等，体现在课堂上就是师生地位的平等，教师和学生同为学习者、研究者、参与者，共同构成学习共同体。这种开放，一是学习方式的开放，即

做一名教育家型教师

改变传统课堂单向授受的方式，师生之间、生生之间开展对话、交流、合作，多向互动；二是学习资源的开放，即教室（学科教室）中的课程资源、图书资源、实验设施、信息化设施等属于每一个学生，实现高度共享；三是思维的开放，即学生独立思考，深度思考，敢于质疑，积极发言。只有学习方式、学习资源实现开放，才能促进学生思维的开放。

实现课堂的开放，就要开展小组合作教学，搭建生生对话、交流、合作、探究的平台。通过合作学习，不仅能提高教学效益，还能培养学生的团队意识、合作意识、竞争意识、领袖意识、创新意识，益处是多元的。理论和实践都证明，合作学习是一种高效率、高效益的学习方法。按照"学习金字塔"理论，学生被动听讲的学习效率只有5%左右，而开展合作学习能高达50%。中国—联合国儿童基金会师资培训教材《面向每个人的学校》指出："学生和自己同伴彼此之间进行的合作是课堂教学效率取之不尽的源泉。看来，现在的学校和课堂如果不利用学生之间的合作组织教学，已经是不可想象的事情了。"

（七）生命价值追求

教育的对象是人。教育的本质功能是开启心智，完善人格，点亮生命，传承文明。作为教育的主阵地，作为完成立德树人神圣使命的主渠道，课堂应关注生命成长，充满人性关怀，追求生命价值。叶澜教授在《让课堂焕发生命活力》一文中，提出"从更高的层次——生命的层次、用动态生成的观念，重新全面地认识课堂教学，构建新的课堂教学观，让课堂焕发出生命的活力"。小学语文特级教师于永正曾说："对学生的点滴进步要及时表扬、赞美，课堂上要能听到学生生命成长拔节的声音。"

四、课堂变革的基本路径

课堂变革是一个系统性、综合性、复杂性、长期性的工程，没有固定的思路、模式、方法，也不能一刀切、模式化。但课堂变革还是有其基本的路径的。

（一）在思想理念上下功夫

思想决定理念，理念决定行为。思想理念决定着课堂的品位、层次和效益。教师要先解决思想理念问题，形成个人的课堂思想理念，用思想理念照亮课堂，引领变革。

1. 坚守以生为本、以学定教的课堂基本理念

坚守"以生为本"这一理念，便能十分明确地回答课堂到底是以生为本、还是以师为本的问题。很明显，课堂要以生为本。以生为本从课堂目标上来说，课堂教学是为了学生的学习与成长，为了学生的进步与发展，包括知识的、能力的、思维的、身体的、心理的等方方面面。当然，教师通过课堂教学也能促进自我发展，实现教学相长，但毕竟是次要目标。坚持以生为本，教师在课堂上就要坚决摒弃满堂讲、满堂灌，真正让课堂回归学生本位。

当然，坚持以生为本，把课堂的主体地位还给学生，并不代表着课堂就是学生完全自主的课堂，就是可以没有教师的课堂，教师的主导地位还是十分重要的，教师的适时讲解、点拨、释疑还是不可或缺的。按照日本教育家佐藤学的观点，学生的"主体性"神话要不得，不能将学生课堂上的"主体性"绝对化、理想化，"学生自立、自律的学习必须在与教师的互动中，在与教材、教室中的学生以及学习环境的关系中加以认识。学习只在与教师、教材、学生、环境的相互关系中，才能够得以生成、发展，学生的主体性不是和这一切毫无关系而独自起作用的，学生的需要、愿望、态度等也不是在这些关系相互作用之前就存在的。"

坚守"以学定教"这一理念，便能十分明确地回答课堂上教师"教"的出发点和落脚点的问题，那就是学生的"学"。有了学生的"学"，才有教师

的"教","学情"决定"教情",而不是"教情"决定"学情"。学生需要学什么,教师就应教什么,需要教师讲得多,教师就应多讲,需要教师讲得少,教师就应少讲。课堂上教师要讲重点难点、讲方法、讲运用;原则上要坚持"三不讲",即学生已经会了的不讲,学生自己能学会的不讲,老师讲了学生也学不会的不讲。

"以生为本"和"以学定教"是什么关系呢?"以生为本"决定了课堂要"以学定教","以学定教"是"以生为本"的主要支撑,两者是相辅相成的统一体。

2. 坚守面向全体学生、促进全员发展的课堂基本理念

教师课堂上要面向每一名学生施教,而不能只重视学优生,忽视学困生。要关注学生的差异,平等地对待每一名学生,让每一名学生都能找到存在感,都能有展示的机会,都能获得成长和发展。这就要求教师要坚持因材施教、分类施教。在备课环节充分考虑学困生,在授课环节合理调整难度与深度,在提问展示环节向学困生倾斜,在布置作业环节进行分层分类调控。要坚决杜绝那种只关注学优生,尤其是高中教师只把目标紧盯那些有望考清华、北大等重点大学的少数几个学生的错误做法。

3. 坚守生态、优质、高效的课堂基本理念

"生态"即追求课堂的原汁原味,既重视预设,更重视生成;"优质"即追求课堂的精细化,即设计要新颖,结构要紧凑,杜绝无效环节;"高效"即追求课堂目标的高效达成,特别是重视学科核心素养的培养、学生思维的训练、能力的提升。做到生态、优质、高效,教师就要认真备课,备好教材、备好教情、备好学情;精心上课,及时、果断、智慧地处理好新情境下产生的各种新问题。

4. 坚守对话、交流、合作的课堂基本理念

课堂上师生之间、生生之间要开展对话、交流、合作,特别是教师要允

许、鼓励学生质疑、讨论、发言，不要放不下师道尊严、迷信标准答案、信奉教师权威。要积极开展小组合作教学，搭建师生、生生对话交流的平台，通过合作学习，不仅能提高教学效果，还能培养学生的团队意识、合作意识、竞争意识、领袖意识，益处是多元的。

（二）在布局结构上下功夫

课堂教学是一门艺术。而任何形式的艺术，都讲究章法和结构。中小学课堂虽只有短短的 40 分钟或 45 分钟，却更应讲求结构，讲究章法。

任何事物都存有其结构，这已成为人们的共识，但"结构"总是在两种不同意义上被使用：一种是事物的表现形式，或称外在结构，这种结构具有可变性和选择性，结构变化不一定改变事物的质及其存在；另一种是事物的生存样式，或称内在结构，这种结构一旦定格便具有相对稳定性，直接决定和影响事物的质及其存在。课堂的结构主要是指内在结构。内在结构的变化，将会影响课堂教学的成效。

课堂结构主要体现在教师运用的教学方式和每堂课的教学设计上。多年来，全国各地对课堂教学模式的研究一直没有间断，先后涌现出洋思中学的"先学后教，当堂训练"模式，杜郎口中学的"336"模式，昌乐二中的"271"模式，东庐中学的讲学稿，还有"翻转课堂"等，以及对这些模式的再创造、再延伸而产生的其他各种教学模式，不胜枚举。

笔者以为，这诸多教学模式本质上是对课堂结构的重建，是对课堂教学各环节进行的有目的的重新排列与组合。这些教学模式都有值得学习借鉴的地方，但并非完美无瑕，不可照搬照抄。每一名教师都应建构自己的个性化教学模式，每一个学科都应建构基于本学科特点的教学模式，每一堂课都应建构不同的教学设计乃至教学模式。具体说来，如何导入新课、出示目标、讲解重点、突破难点、师生合作、生生合作、当堂训练、课堂小结、课堂留

做一名教育家型教师

白等，如何指导学生动口、动手、动脑，没有固定的模式，没有固定的章法，教师完全可八仙过海，各显神通。但笔者以为，虽教无定法，但教有定规，整个课堂教学设计应符合学情，合乎规律，匠心独运，善于创新；整个教学流程应环环相扣，张弛有度，跌宕起伏，自然流畅；最终的教学效果应目标达成、优质高效。

譬如，导入新课这一环节，如果"导入"得别出心裁、匠心独运，就会很好地激发学生的兴趣，吊起他们的胃口，引起他们的思考，引领课堂走向成功。而导入新课的方式有很多种，如观看视频导入，欣赏图片导入，听音乐导入，讲故事导入，做游戏导入，讲时政导入，展示实物导入，等等。笔者在北京亦庄实验中学听了李玉姣老师的初一语文课《再塑生命的人》，李老师上课后先和学生做游戏，游戏的基本规则是全班学生自始至终都不准说话。共找了六个学生参与游戏，前两个学生戴上眼罩，分别绕教室走一圈，最后回到自己的座位上坐下；后四个学生分两组，每组两人中一人戴上眼罩，另一人不戴眼罩，不戴眼罩的学生随意拿一个物件，通过触摸等方式让戴眼罩的学生判断出物件的名称。这个游戏有一定难度，特别是后边判断物件名称的游戏。游戏结束后，李老师问："同学们，当你戴上眼罩做游戏的时候，有什么感触？"学生们回答"恐怖""害怕"等等。老师再问："假设同学们既盲又聋，你能不能成为一个有巨大成就且闻名世界的人？"学生们都说"不能""不可能""太难了"等等，由此导入新课，学生们带着强烈的共情、满脑的疑问开始学习课文《再塑生命的人》。这一导入方式非常有趣，学生们积极参与，热情高涨，而通过切身体验，他们深刻地体会到了盲人聋人的生活之艰难、学习之艰难、成功之艰难，不仅引起了学生们阅读文章的极大兴趣，还对他们如何做人做事给予了很深的启迪，实现了良好的德育成效。

美学家 M.李普曼曾说："结构是一切意思和意义的基础。""没有结构，任何东西都不存在，都不可设想。"结构优化，效果就会优化。所以，教师要重视课堂结构建设，在课堂各环节的安排设计上要多动脑筋、多出奇兵。

（三）在真实生动上下功夫

真实生动是一种境界。教育来不得半点虚假，课堂更要追求真实，一切虚伪、虚假的课堂都要杜绝。

如何实现这一目标？关键要处理好课堂预设与生成的关系：既要重视预设，即提前备课，提前设计，让预设支撑生成；更要重视生成，让生成在预设中实现。魏书生外出讲授示范课，往往不提前备课，不提前与学生见面，不提前公布讲课节次，而由学生自主选择讲授内容，课堂是真实的，所以是感人的，是令人信服的。当然，魏书生是在对所有语文讲课内容谙熟在心、胸有成竹的基础上才达到这种境界的。那种提前演练好多次，甚至哪个学生回答哪个问题都提前安排好，师生不是在上课，而是在"背课"。这样的"课"，这样的"公开课""优质课"，是万万不足取的，是应当遏止的。因为这种课当时轰轰烈烈，热热闹闹，并骗得了评委的信任，得了高分，但很多教师、学生反映，这种课只是表面上的轰轰烈烈、热热闹闹，实际上效益不高，喧闹过后老师还得实实在在地重讲一次。所以这种课堂是虚假的，是没有生命力的，学生是不喜欢甚至反感的。当然，我们并不能全盘否定公开课，公开课经过集体研讨、多轮打磨，是提高教师课堂教学艺术的重要的研究方式，教师还是需要多上公开课的。但需要注意的是，公开课不能拿学生来一遍又一遍地演练，教师自己"磨"多少遍都可以，但绝不能拿学生来一遍遍地"磨"。

从美学角度分析，"真"是实际存在着的客观物质及其运动，它是不以人的意志为转移的外部现实世界。"真"不等于"美"，但"美"必须以"真"为基础，"真"是"美"的前提。所以，课堂应真实，应朴实无华，应允许出错，应拒绝表演，拒绝"背课"，拒绝假提问，拒绝假回答，拒绝假讨论，拒绝假合作。

（四）在主动学习上下功夫

最重要的课堂学习方法是合作探究学习。《教育社会学》中有一个著名的论断："全世界无论是西方还是东方，要提高课堂教学的效率，只有一条——减少讲授，走进合作。"

合作探究教学到底有多么重要呢？按照著名的"学习金字塔"理论（如图2所示），采用不同的学习方法，两周后的平均学习留存率是大相径庭的。

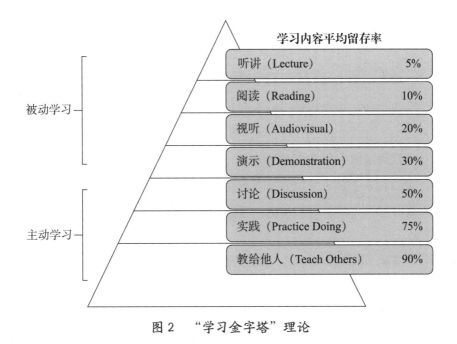

图2 "学习金字塔"理论

所以，要想提高课堂教学效果，我们没有任何理由不采用合作探究教学。

合作探究包括师生之间的合作探究、生生之间的合作探究，重点还是生生之间的合作探究。如何加强生生之间的合作探究呢？主要途径是开展小组合作学习。传统的课堂是教师一人高高在上地讲，全体学生在下面齐刷刷地听，几乎没有生生之间的合作交流，充其量不过让同桌二人互相提问一下、互相检查一下作业等。开展小组合作教学就是把四五十人的大的学习共同体划分成若干个小的学习共同体，小的学习共同体之间和共同体内部展开合作、交流、竞争。构建合作学习共同体（小组）要把握以下十点：

（1）明确小组合作学习的重要意义。小组合作学习能最大限度地调动每一名学生的学习积极性，能大大提高课堂教学效益，能培养学生的团队意识、合作精神，能激发学生的责任感与使命感，能锻炼学生的管理能力和领袖能力等。

（2）合理确定小组成员。要综合考虑每一名学生的学习基础、个性特点、同学关系、男女比例等，不能赤裸裸地按照考试成绩划分。小组成员间要建立起互相帮助、互相学习、共同进步的良性互动关系。

（3）选好小组领袖。小组领袖可以由学习成绩较好的学生担任，也可以由其他学生担任。小组领袖可以实行任期制，根据具体情况可以每周、每月轮换，让小组内每个成员都能得到锻炼。

（4）明确小组内每名成员的职责。小组内每名成员都要界定职责，明确任务，譬如有的主要负责统筹，有的主要负责回答，有的主要负责记录。人人都有任务，人人便都有积极性。当然，小组成员的职责应定期轮换，不要固定不变。

（5）明确小组名称。最好由学生自己命名，充分体现学生的智慧和意愿。通过小组命名，可以彰显小组的价值追求。这一追求不仅仅是学习上的，还包含学生的人生理想等。

（6）确定每个小组的奋斗目标。每个小组都要确定奋斗目标，小组内每个成员都要确定自己的奋斗目标。这个目标，包括短期的，也包括长期的。有了目标便有了动力。

（7）做好小组评价。小组之间、小组内都要建立评价体系，原则上每天、每周、每月、每学期都要有评价，评价结果要展示。也要开展小组领袖和成员的评价与表彰。小组成员的评价主要应由小组领袖实施。小组整体评价主要应由教师实施。在课堂上根据每个小组的表现，教师可通过加分、画星等方式给予及时评价。

（8）处理好合作学习与自主学习的关系。小组合作学习的前提是个人自主学习。首先要引导学生养成独立学习、独立思考的习惯，在此基础上开展合作学习。一个苹果交换一个苹果，每人还是只有一个苹果；一个思想交换一个思想，每人就会拥有两个思想。但是思想与思想交换的前提是每个人都要有思想，没有思想便无法实现交换思想的目的。

（9）合理设定合作探究环节。该合作探究的内容要合作探究，不该合作探究的内容不要合作探究，要根据客观需要，不要为合作而合作，为探究而探究，搞假合作、假探究、假繁荣。原则上，合作探究的内容一定是重点、难点、疑点。

（10）基于合作有针对性地备课。有小组合作与没有小组合作的备课是不一样的，教师要精心研究，合理设计。合作活动的设计要科学合理，要有活动的具体操作形式和明确的操作要求。只有在备课中对合作活动做充分的预设，才能保证课堂合作学习的高效开展。

（五）在氛围营造上下功夫

课堂气氛非常重要，师生在课堂上都要充满激情。"激情"即强烈激动的情绪、情感、情意、情思。激情是一种美，一种情绪的美。教师应做一个有激情的教师，只有教师有激情，才可能用自己的激情点燃学生的激情。于漪老师被誉为"激情似火的老师"，上课时感情饱满，语言生动，她的课堂饱含激情，极富感染力、生命力。杭州拱宸桥小学原校长、语文特级教师王崧舟课堂上的激情朗读，总是感染着学生，感染着听课教师，他的课堂洋溢着一种激情美。没有激情的课堂，教师说话低声低语、有气无力，学生回答唯唯诺诺、疲于应付，课堂气氛压抑、窒息，学生的思维是难以被激发的，课堂不可能是成功的，教学效益是不可能高的。

因此，教师要做一个激情飞扬的教师，课堂语言要有演讲的恢宏气势，要有朗读的抑扬顿挫，要有曲调的高低转换，要有歌唱的感情投入，要有小品演员的幽默诙谐，要有相声演员的才思敏捷，这样的课堂才能称为"激情课堂"。

（六）在语言修养上下功夫

苏霍姆林斯基说过："教师的语言修养，在极大程度上决定着学生在课堂上的脑力劳动的效率。"

语言是什么？语言是思维的外壳。课堂教学任务的完成，永远离不开一样东西：语言。在课堂教学中，教师和学生要"说"，要"讲"，要"问"，要"答"，要"读"，要"唱"，要"议"等，语言都是其重要的支撑。师生语言优美，课堂将更有品位，更有魅力。

课堂语言美，对教师最基本的要求是使用普通话。普通话是教师的基本功，教师用普通话讲课，这是教师教育教学行为的基本要求。笔者在农村学校听课，发现很多教师用方言讲课，甚至有的年轻教师，特别是语文教师竟用方言讲课，课堂品位、效果大打折扣。不管在什么样的环境中，教师一定要坚持用普通话讲课，这是增强课堂美感、提高课堂品位的必然要求。因此，教师要努力提高普通话水平，做到语音标准、语法无误、语调自然、表达流畅，语言还要有感染力、感召力，有幽默感。

当然，语言的表达，除了"说"，还有"写"。教师的板书要规范，学生的作业要一板一眼、认认真真。提升学生书写能力，也是教育承担的一项重要任务。

语言之美，本身就是美学研究的重要对象。就"读""说""诵"而言，很多电视、电台主持人、影视演员、话剧演员，可称为语言艺术家，欣赏他们的表演，是一种美的享受；就"写"而言，汉字的书写本身就是一种书法艺术，只是达到的层次和境界不同而已。所以，作为完成课堂教学任务的主要支撑条件，教师要十分注重锤炼自己的语言，课堂教学一定要追求语言美。

做一名教育家型教师

（七）在思维训练上下功夫

法国哲学家笛卡儿说："我思故我在。"孔子有"九思"："视思明，听思聪，色思温，貌思恭，言思忠，事思敬，疑思问，忿思难，见得思义。"《文心雕龙》中说："寂然凝虑，思接千载；悄焉动容，视通万里。"

思考能力是一个人生存发展必备的基本能力。但我们常常感叹，现在的学生缺乏独立思考能力，没有自己的见解，缺乏批判性思维，是人才的一大缺憾。那么，追问原因，问题出在哪里呢？问题就出在我们的教育上，出在我们的课堂上。多少年来，我们的课堂总是习惯于灌输，习惯于老师讲、学生听，习惯于老师问、学生答，习惯于遵从标准答案、迷信学术权威，而对学生的质疑，对学生看似"荒唐"的回答往往一棍子打死，扼杀了学生的批判性思维、创新性火花。这不能不引起我们的警醒。

所以，教师要重视学生思考能力的培养，这应是课堂教学乃至整个教育的重要目标。要坚持几个原则：一是让学生多问"为什么"，养成勤于思考、深入思考的好习惯，而不要动辄向教师、同学问答案；二是通过学生自己学习、思考，或者通过学生合作学习、思考能学会的知识、解决的问题教师不要再讲，否则便剥夺了学生的自主学习、独立思考权；三是鼓励学生质疑，允许学生挑战标准答案，挑战学术权威，得出与众不同的答案。

教师要注重培养学生的几种重要思考能力：一是系统性思考，把局部知识纳入整体知识体系中去学习和把握；二是反思性思考，及时总结个人学习过程中的经验教训，发扬优点，规避缺点；三是前瞻性思考，对事物未来的发展走向有预判、预见；四是批判性思考，敢于质疑，敢于大胆提出自己的主张，不迷信书本，不迷信标准答案；五是换位性思考，对任何事物，都能转变角色，换位体悟；六是发散性思考，对一个问题有多个思路，能提出多个解决方案，做到一题多解，殊途同归。

建设启迪思维的课堂，这将使课堂教学更有深度、广度，更加成功、高效。

（八）在关注生命上下功夫

教育的对象是人。教育的真谛是以人文本。教育的本质功能是开启心智、完善人格、点亮生命、传承文明。一切教育工作的出发点和落脚点是培养人、发展人、完善人。所以，作为教育的主阵地，作为完成立德树人神圣使命的主渠道，课堂应坚持以人为本，应关注学生生命成长。

那么，教师怎样才能让课堂充满人性关怀、关注生命成长呢？

第一，要树立现代学生观。即每一个学生都是一个活生生的人，每一个学生都是一个独立的个体，每一个学生都是一个独立的世界，每一个学生都有其独立的人格和尊严。教师不应把学生当成知识的容器、考试的机器。

第二，要淡化师道尊严。要与学生建立民主平等的朋友姐妹式或父子母子式（对低年级学生而言）的师生关系，让学生在课堂上没有紧张感，没有恐怖感，没有害怕情绪，从身体、精神、思维上都完全放松，营造最佳身心学习状态。

第三，要摆正自己的主导位置。要树立以学生为主体的课堂教学理念，引导学生自主学习、自主思考、自主合作、自主发展，让学生真正成为课堂的主人。教师的角色是帮助、引领、调控，而不要包办课堂、霸占课堂，不要满堂灌、满堂问，喧宾夺主，角色错位。

第四，要善于运用表扬的武器。威廉·詹姆士说："人类本质中最殷切的需求是渴望被肯定。"对学生学习更是如此。学生一有闪光点，教师应马上表扬。要欣赏学生、表扬学生，善于发现学生的闪光点，充分调动学生学习的内驱力、意志力，而不要动辄批评、讽刺、挖苦，甚至体罚。

第五，要心中有爱。苏霍姆林斯基说："我生活中什么是最重要的呢？我可以不假思索地回答说：爱孩子。"教师如何才能做到心中有爱呢？最重要的是，教师要公平对待每一个学生，面向每一个学生施教，对每一个孩子都不离不弃，特别是要倍加呵护智障学生、基础薄弱的学生、问题学生，而不要偏爱学习好的学生，遗忘成绩差的学生。在课堂教学过程中，教师话语要满含感情，时刻让学生有得到呵护和关爱的感觉。

提倡在课堂上关注生命、关注人性的教育家还有很多，譬如：于漪老师坚持"文道合一""教文育人"，她十分注重在课堂上对学生进行思想教育，她的课堂始终闪烁着人性的光芒；因出版《第56号教室的奇迹》而风靡全球的美国老师雷夫，把第56号教室打造成一个"没有害怕的地方"。他的学生在家中、社会上受到挫折后都会回到56号教室——这个充满关怀的港湾，充分体现了这位"全美最佳教师"对学生生命的关爱。

（九）在风格多样上下功夫

教学风格是指教师在长期的教学实践过程中形成的，在一定的教学理念指导下，创造性地运用各种教学方法和技巧，所表现出来的一种个性化的教学风貌和格调。教学风格主要特征：动态生成；难以言说；个人专有；稳中有变。

按照有关专家的观点，教学风格主要包括以下五种：

（1）理智型教学风格。教师讲课深入浅出，条理清楚，层层剖析，环环相扣，论证严密，结构严谨，用思维的逻辑力量吸引学生的注意力，用理智控制课堂教学进程。学生不仅学到知识，也受到思维训练，还受到教师严谨治学态度的熏陶和感染。

（2）情感型教学风格。教师讲课情绪饱满，充满激情。讲到动情之处，往往是情绪高涨，慷慨激昂，滔滔不绝，扣人心弦，震撼人心，引起学生强烈的情感共鸣。学生所获得的不仅仅是知识的训练价值，还包括人格、情感的陶冶价值。

（3）幽默型教学风格。教师讲课生动形象，机智诙谐，妙语连珠，动人心弦。生动的比喻，开启学生智慧之门；恰当的幽默，给人以回味和留恋；

哲人警句、文化箴言不时穿插其中，给人以思考和警醒。学生心情舒畅，获得一种心智训练。

（4）技巧型教学风格。教师讲课时各种教学方法、技巧信手拈来，运用自如，恰到好处，丝毫不带雕琢痕迹。课堂教学环节过渡自然，搭配合理，有条不紊。无论是讲解和分析，还是提问和练习，都能照顾到学生的心理特点和接受能力，体现出教师对知识重点难点的准确把握。

（5）自然型教学风格。教师讲课亲切自然，朴实无华，没有矫揉造作，也不刻意渲染，而是侃侃而谈，娓娓道来。师生之间是在一种平等、协作、和谐的气氛下，进行默默的情感交流。将对知识的渴求和探索融于简朴、真实的教学情景之中，学生在静静的思考、默默的首肯中获得知识。教师讲课虽然声音不高，但神情自若，情真意切，犹如春雨渗入学生的心田，润物细无声，它虽没有江海波澜的壮阔，却不乏山涧流水之清新，给人一种心旷神怡、恬静安宁的感受。

教学风格不是一朝一夕形成的，而是在长期的实践中逐步形成的，而且带有教师鲜明的个性色彩。譬如，于漪的语文课追求"文道合一""教文育人"；魏书生的语文课体现"民主＋科学"，以学生自学为主；于永正的小学语文课的风格可概括为：简单简约，质朴至真；王崧舟的小学语文课的风格可以概括为：诗意流淌，意境悠悠，激情澎湃；吴正宪的小学数学课追求"有营养又好吃"，数学课充满哲学色彩；窦桂梅的小学语文课追求"让语文充满文学的味道"，充满激情；华应龙的数学课融数学于生活与游戏中。教师应把形成教学风格当作最高的课堂教学境界去追求。

【"九维六动"生本课堂架构】

按照以上原则要求，笔者在青州一中原创了"九维六动"生本课堂基本架构（如图3所示），促进了教育教学质量的显著提高和学生素养能力的大幅提升。当然,这是一个"架构",是指导教师改进课堂的"脚手架""参照图",而不是一个僵化的课堂模式。这一创新成果被评为 2020 年度潍坊市普通高中十大创新案例,《中国教育报》《山东教育报》都进行了深度报道推介。

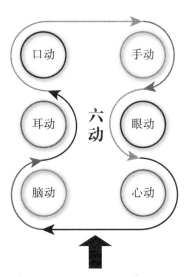

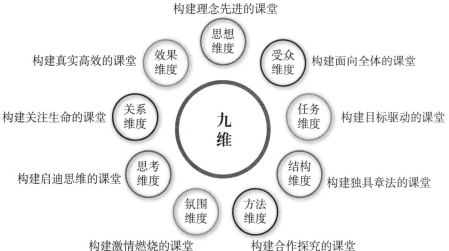

图3 青州一中"九维六动"生本课堂基本架构

"九维六动"生本课堂基本架构包括教师层面上的"九维"、学生层面上的"六动"两部分，即教师从九个维度变革课堂，学生在课堂上要实现"六动"。

　　一、教师"九维"变革

　　（一）思想维度：构建理念先进的课堂

　　（1）基本要求。课堂教学首先要有先进的思想理念，用思想照亮课堂。要树立以生为本、面向全体、先学后教、以学定教、对话交流、合作探究等基本理念，其中当下最重要的是落实"以生为本"的理念，坚决摒弃满堂讲、满堂灌。

　　（2）具体操作。教师在课堂上要控制"讲"的时间，合理安排学生"学"的时间，尽量多地安排学生自学、展示、讨论、合作、探究、反思，真正把课堂学习的主动权还给学生；要坚持精讲、少讲或不讲原则，做到"三讲三不讲"，即：讲重点，讲难点，讲易错易混点；学生已经会了的不讲，学生通过自学、合作学习能够学会的不讲，老师讲了学生也学不会的不讲。

　　（3）突出解决的问题。满堂讲、满堂灌，学生自主学习时间不够、独立思考时间不多、深度思考机会过少。

　　（二）受众维度：构建面向全体的课堂

　　（1）基本要求。课堂教学要面向每一名学生，不能过于重视尖子学生，轻视中等学生，忽视后进学生。

　　（2）具体操作。在教学内容的容量、难度、深度以及提问、作业、习题的设计上，要面向全体学生，按照难、中、易三个层次分层设计，全面关照；在学案设计上，要有难、中、易三种标记，充分体现面向全体、分层设计、因材施教。

　　（3）突出解决的问题。只面向少数尖子学生，忽视中等和学习

做一名教育家型教师

有困难的学生，只提问少数尖子学生；只关注中等学生，而关照不到少数尖子学生和差等学生，导致优等学生吃不饱、吃不好，学习有困难的学生吃不了。

（三）任务维度：构建目标驱动的课堂

（1）基本要求。依据学科核心素养和课标确定课堂教学目标。目标要具体、明晰、有层次，不可大而空。整堂课以目标驱动，以完成目标任务为根本遵循。

（2）具体操作。在学案开始要写明目标；在学习、练习、检测中要回扣目标；每堂课教师都必须将课堂目标任务清晰地用板书或PPT展示，可让学生通过朗读、默读等方式识记目标；课堂小结要回扣目标。

（3）突出解决的问题。课堂教学没有明确任务目标；目标任务大而空、不具体；目标任务没有板书或PPT呈现；课堂小结没有回扣目标。

（四）结构维度：构建独具章法的课堂

（1）基本要求。章法主要指结构与流程，即导入新课、自主学习、合作探究、精讲点拨、学生展示、当堂训练、课堂小结等各环节的合理安排与设计。每一名教师、每一个学科，每一堂课，不同的课型（新授课、复习课、实验课、练习课、试卷讲评课、班会课等）都应有不同的教学设计。教学设计应合乎规律，匠心独运，善用奇兵；教学流程应环环相扣，张弛有度，自然流畅，以结构优化促进教学效果的优化。

（2）具体操作。教师要重视课堂结构构建，重视教学过程设计，形成基于学科特点、教师特点、学生特点的个性化教学模式；导入新课、合作探究、课堂小结（课堂反思）等重要环节不能省略。

（3）突出解决的问题。课堂结构不合理，重要环节被省略，节奏过快或过缓，浪费时间，效率低下。

（五）方法维度：构建合作探究的课堂

（1）基本要求。重视合作探究环节的设计，引领学生在合作中提高交流沟通和达成共识的能力，在探究中培养发现问题、解决问题、总结规律、形成方法的能力，用合作探究提高学生的深度思维品质和卓越学习能力。

（2）具体操作。建立学习小组（学习共同体），原则上四人一组，明确小组内成员职责，规定发言要求，建立评价量表和激励机制；合理安排合作探究的时间；合作探究的问题要有难度、有深度、要精准，要有价值；合作探究后各小组及小组成员要有展示交流、有评价，鼓励学生到讲台前，面向全体学生讲解、交流；倡导独学（个人自学）、对学（同桌互学）、群学（小组四人讨论）结合。

（3）突出解决的问题。课堂上没有设计小组合作学习与探究环节；合作探究的问题没有难度、深度、价值；合作探究后没有展示、评价；合作探究后展示的学生过于固定，缺乏全面性；合作探究效益不高，流于形式。

（六）氛围维度：构建激情燃烧的课堂

（1）基本要求。课堂要充满激情、生动活泼、思维活跃，让课堂成为师生知识与情感共鸣共舞的地方。

（2）具体操作。教师上课要全身心投入，做到声音洪亮、感情饱满、语言生动、风趣幽默，富有感染力、感召力；学生学习要高投入，回答问题要充满自信，声音响亮、清晰干脆；课堂气氛要活跃，学生思维要活跃，鼓励学生抢答问题，争先展示；要用多媒体上课，用现代信息技术创设情境、突出重点、突破难点、激发兴趣、活跃气氛。

（3）突出解决的问题。教师讲课声音低，语调平缓，没有抑扬顿挫；学生回答问题声音低，不自信，不敢说；课堂死气沉沉、毫无生气，学生开小差或恹恹欲睡；不用多媒体上课。

（七）思考维度：构建启迪思维的课堂

（1）基本要求。思考能力是一个人生存发展必备的基本能力。在课堂上教师要通过启发诱导、实例分析、问题探究、质疑讨论、学习展示、自我反思等方式启迪学生发展思维，培养学生的深度思维、创新思维。

（2）具体操作。教师要合理安排学生自主思考的时间，每节课应留3分钟让学生自我反思、总结（课堂留白），并对自己的反思总结进行展示交流；要创设学生深度思考的机会，设计有层次、有深度、有难度、有挑战性的问题让学生思考、展示；学生展示以后，教师要进行有高度的和透彻的纠错、点拨、升华，并做到言简意赅，达到启迪思维、升华课堂的效果。

（3）突出解决的问题。学生没有独立思考的时间；学生思考的问题没有难度、深度，缺乏挑战性；学生有思考但没有展示，思考"看不见""听不到"。

（八）关系维度：构建关注生命的课堂

（1）基本要求。课堂是师生生命成长的地方。在课堂上教师要关心、关爱学生，营造和谐融洽、开放活跃的课堂学习氛围。

（2）具体操作。教师要尊重学生的作息时间，做到课前1~3分钟候课，课后不拖堂；在课堂上放下师道尊严，尊重学生人格，建构平等、民主的师生关系；树立学生主体的课堂理念，让学生成为课堂的主人；多用表扬和赞美的武器，营造没有恐惧、自由呼吸、自然和谐的课堂；挖掘不同学科课程资源与要素，渗透品德、情感、态度、价值观教育，构建立德树人、关注生命的课堂。

（3）突出解决的问题。师生关系紧张，学生不敢说、不敢动；教师对学生罚站、讽刺挖苦甚至体罚；把学生赶出教室；拖堂（学生最反感）。

（九）效果维度：构建真实高效的课堂

（1）基本要求。课堂要真实、高效，杜绝虚假、低效。

（2）具体操作。一是要"真实"。要营造真情景，设计真问题，实行真合作，开展真探究。二是要"高效"。要做到选题有效、分层有效、方法有效、落实有效、检测有效、评价有效，形成可持续性学习、主动学习和深度学习的高效课堂生态。

（3）突出解决的问题。无用的语言、虚假的设计和无效的环节充斥课堂；课讲得天花乱坠，课堂效益却不高。

二、学生实现"六动"

（1）口动。引领学生口动，即多读、多说、多交流。"多读"即多读文本，在读中学习、读中感悟、读中理解、读中释放，语文、英语等课堂提倡大声朗读；"多说"即多说想法、说思路、说思维，教师在课堂上要鼓励学生回答，甚至抢答问题；"多交流"即师生之间、生生之间多沟通交流，思维碰撞，共同提高。要积极推进小组合作学习、探究学习，为沟通交流搭建平台。口动，不仅能提高学生的语言表达能力，更重要的是培养学生的领悟力、思辨力、理解力。

（2）手动。即鼓励学生在课堂上多写、多画、多做等。"多写"即多写关键词、关键知识、解题过程，多记核心要点、易错易混点、精彩生动点；"多画"即圈画重点、难点、关键点、核心点，学会抓住核心，厘清思路；"多做"即多做作品、实验、习题、知识树、思维导图等，不断提高动手实践能力。

（3）耳动。听讲是一门最重要的学习艺术。"耳动"即引领学生多听、会听、善听。对教师的讲解，学生要跟上节拍，全面理解；对同学的回答，学生要辩证地听，批判地听。

（4）眼动。即引领学生用眼观察。学生要善于关注细节，善于发现变化，善于发现问题。实验课更要注重培养学生观察能力，观察时做到细致入微、明察秋毫。

（5）脑动。即激励学生多动脑、多思考、多质疑、多讨论，培养问题意识、批判思维。教师要合理设计学生思考的问题，创设学生思考的情境，创造学生思考的机会，搭建学生思考的平台。

（6）心动。即课堂上学生听课要用心、动心，要用心听讲，用情领悟。"用心听讲"即引导学生心无旁骛地进入情境、深入文本；"用情领悟"即高投入地、深度学习，形成与学科知识、文本内容、作者情绪与生命的共鸣共舞。

"九维"与"六动"是因果关系。"九维"是因，"六动"是果，"九维"是措施，"六动"是目标。只有教师全面落实了"九维"，学生才能实现"六动"。

三、改革落实

（1）自下而上，逐步推开。"九维六动"生本课堂并不是一个生硬的教学模式，而是一个适合每个学科、每位教师的总的指导体系。它是为了培育学生的核心素养，促进学生全面而有个性地发展而提出的。2020年提出后，全校64名教师主动报名参与"九维六动"生本课堂的研究与实践，经过一年多的探索与研究，2021年下半年在校内全部推开。

（2）三段联动，深入落实。学校紧紧抓住课前、课中、课后三个环节，深入落实。一是课前落实。要求备课组要在集体备课时提前研讨相关教学环节、细节落实措施，做到提前设计、课前落实。特别是对"教师少讲、学生多学"要认真研究，做好设计。二是课上落实。倡导教师在课堂教学中积极落实"九维六动"生本课堂价值取向和行动要求，并在实践中不断丰富其理论内涵与逻辑架构，让"九维六动"生本课堂真正成为师生生命成长的舞台，成为学校教学的亮点和特色。三是课后落实。要求教师在课堂教学完成后要进行反思，每周、每月、每个学期都要进行深刻反思，总结得失，不断提高。

（3）示范引领，典型带动。为推进落实，学校结合听评课活动，定期推选落实较好的课例，示范引领，典型带动。学校要求领导班子成员每周要听评课至少三节，中层干部至少听评课两节，并认真撰写听课点评，点评以发现优点、表扬鼓励为主，并每周编发《青州一中寻找最美课堂简报》。学校还精选优秀课例编纂成《"九维六动"生本课堂优秀课例》，印发给每名教师学习借鉴。

以下是学校卜晓燕老师按照"九维六动"生本课堂架构对《将进酒》进行的课堂教学设计：

《将进酒》教学设计

卜晓燕

【核心素养目标】

1. 语言建构与运用：掌握诵读的要领，特别是掌握关键字的读音、语句的节奏、语气，体会作品的音乐美、情韵美；

2. 思维发展与提升：体味诗歌颇具特色的起兴和夸张手法的运用，领会李白淋漓畅快的浪漫主义诗风；

3. 审美鉴赏与创造：理解诗歌的思想感情并能进行恰当的评价；

4. 文化传承与理解：了解相关的咏酒诗篇及酒文化，激发学生学习古诗的热情，提高学生的诗歌鉴赏水平，并尝试进行诗歌创作。

【教材分析】

《将进酒》是盛唐时期李白的代表作，是苏教版高中语文《唐诗宋词选读》盛唐模块的教学内容，主要学习诗人"狂放痛饮"下的激奋之情，体会盛唐诗风的特点，同时为后面学习李白的诗词作品奠定基础。

【学情分析】

高二学生的智力发展已经到了较成熟的水平，学生的理解能力逐渐提高，观察能力、记忆能力和想象能力也迅速发展，可以在学习中完成比较复杂抽象的学习任务，理解比较深刻的思想感情。因此，诗歌部分和散文部分的教学，可先让学生把平时接触到的零散的古代诗文作品，与文学史的相关知识对接，形成清晰的知识网络，拓宽学生的知识视野，在具体作品的研读鉴赏时，能让学生从宏观上把握作品。

【教学重难点】

1. 重点：学会古诗鉴赏的方法；个性化解读文本，写出鉴赏文字；

2. 难点：领悟诗人"狂歌痛饮"豪放外表下的愤激之情。

【教学方法】

诵读法；讨论法；探究法；多媒体技术融合。

【学法指导】

1. 指导学生自主学习，引导学生走近李白，主动搜集占有相关资源。

2. 师生共读文本，利用视频、音频和图片等创设情境，利用多媒体，引导学生吟咏诗韵，营造氛围，做到有感情诵读。

3. 用好合作、探究学习法。学生分组合作，根据兴趣，选择诗中精彩的名句仔细解读，讨论、交流、探究、质疑，整合资源，认识、感受全诗复杂多变的节奏和情感。

【教学准备】

多媒体课件，相关音频、视频。

【教学课时】

1课时。

【教学过程】

一、情境导入

播放《唐之韵 第七集：一代诗仙（上篇）》（视频），创设情境，深情导入：

四川江油县青莲乡，虽然只是个小地方，但却是一代大诗人李白的故里。一代诗仙就从这里起步，以隐隐雷声的脚步闯进诗坛，在中国诗歌史上留下了一座永远闪耀着宝石红光的诗碑，留下一个永不褪色的名字。

在中国文学史上，"酒"可以说是留下了千古美名。许多文人，都与酒结下了不解之缘。有一位伟大的诗人，因为他的诗写得独绝千古而获得了"诗仙"的称号，而且也因为他爱喝酒而留下了"酒仙"的美名。说到这里，大家都知道了，他就是——李白。

那么，李白是如何使他的酒和他的诗完美地结合在一起，又有怎样的感情倾注于其中呢？今天我们就通过一首诗来走近李白。这就是他的《将进酒》。（板书课题）

设计意图：引发学生对诗境的兴趣，回忆李白的相关事件，为诗歌欣赏做铺垫。

二、预习检测

（一）作者简介

李白（701—762 年），字太白，号青莲居士，又号"谪仙人"。是唐代伟大的浪漫主义诗人，被后人誉为"诗仙"。与杜甫并称"李杜"，为了与另两位诗人李商隐与杜牧即"小李杜"区别，杜甫与李白又合称"大李杜"。其人爽朗大方，爱饮酒作诗，喜交友。

李白有《李太白集》传世，诗作中多是醉时写的，代表作有《望庐山瀑布》《行路难》《蜀道难》《将进酒》《越女词》《早发白帝城》等多首。

李白所作词赋，宋人已有传记（如文莹《湘山野录》卷上），就其开创意义及艺术成就而言，"李白词"享有极为崇高的地位。

（二）写作背景

关于这首诗的写作时间，说法不一。一般认为这是李白天宝年间离京后，漫游梁、宋，与友人岑勋、元丹丘相会时所作。

唐玄宗天宝初年，李白由道士吴筠推荐，由唐玄宗招进京，被任命为供奉翰林。天宝三载（744 年），因权贵的谗毁，李白被排挤出京，唐玄宗赐金放还。此后，李白在江淮一带盘桓，思想极度烦闷，又重新踏上了云游祖国山河的漫漫旅途。李白作此诗时距被唐玄宗"赐金放还"已有八年之久。这一时期，李白多次与友人岑勋（岑夫子）应邀到嵩山另一好友元丹丘的颍阳山居为客，三人登高饮宴，借酒放歌。诗人在政治上被排挤、受打击，理想不能实现，常常借饮酒来发泄胸中的郁积。人生快事莫若置酒会友，作者又正值"抱用世之才而不遇合"之际，于是借酒兴诗情，以抒发满腔不平之气。

（三）请学生说说题目的意思

明确："将进酒"原为汉乐府短箫铙歌的曲调，"将"是请的意思，"将进酒"意即"劝酒歌"，以饮酒放歌为基本内容。

设计意图：这个环节，学生根据自己的预习，自己说明背景，教师再根据学生不同说法，总结完善。

三、初读：解字词知韵律

1. 请1~2名同学朗读课文，其他同学认真倾听并给予订正。

2. 应用交互式投影，理解并掌握下列字词。

字音：

（1）将进酒（qiāng） 莫使金樽空对月（zūn） 烹羊宰牛且为乐（pēng）

（2）岑夫子（cén） 钟鼓馔玉（zhuàn） 斗酒十千恣欢谑（zì xuè）

（3）呼儿将出换美酒（jiāng） 千斤散尽还复来（huán）。

重点字词：

（4）将进酒：劝酒歌，属乐府旧题。

（5）将（qiāng）：请。

（6）君不见：乐府中常用的一种夸语。天上来：黄河发源于青海，因那里地势极高，故称。

（7）高堂：房屋的正室厅堂。一说指父母；一作"床头"。青丝：喻柔软的黑发。一作"青云"。成雪：一作"如雪"。

（8）得意：适意高兴的时候。

（9）金樽：中国古代的盛酒器具。

（10）会须：正应当。

（11）岑夫子：岑勋。丹丘生：元丹丘。二人均为李白的好友。

（12）杯莫停：一作"君莫停"。

（13）与君：给你们，为你们。君，指岑、元二人。

（14）倾耳听：一作"侧耳听"。

（15）钟鼓：富贵人家宴会中奏乐使用的乐器。馔玉：形容食物如玉一样精美。

（16）不愿醒：也有版本为"不用醒"或"不复醒"。

（17）陈王：指陈思王曹植。平乐：观名。在洛阳西门外，为汉代富豪显贵的娱乐场所。

（18）主人：指宴请李白的人，元丹丘。

（19）恣：纵情任意。谑：戏。言少钱：一作"言钱少"。

（20）径须：干脆，只管。沽：买。

（21）五花马：指名贵的马。一说毛色作五花纹；一说颈上长毛修剪成五瓣。

（22）裘（qiú）：皮衣。

（23）尔：你。销：同"消"。

3. 学生自由诵读，疏通字词，了解文章大意。

四、二读：品酒兴、明酒意

1. 学生先听朗读（同步播放濮存昕朗诵，乐队现场伴奏），有感情地诵读全诗。

明确：全诗的基调是豪情逸兴。

2. 分组诵读（背景音乐播放）。

君不见／黄河／之水／天／上来，奔流／到海／不／复回。君不见／高堂／明镜／悲／白发，朝如／青丝／暮／成雪。人生／得意／须／尽欢，莫使／金樽／空／对月。天生／我材／必／有用，千金／散尽／还／复来。

烹羊／宰牛／且／为乐，会须／一饮／三／百杯。岑／夫子，丹／丘生，将／进酒，杯／莫停。与君／歌／一曲，请君／为我／倾／耳听。钟鼓／馔玉／不足贵，但愿／长醉／不／复醒。古来／圣贤／皆寂寞，惟有／饮者／留／其名。陈王／昔时／宴平乐，斗酒／十千／恣／欢谑。主人／何为／言少钱，径须／沽取／对／君酌。五／花马，千／金裘，呼儿／将出／换／美酒，与尔／同销／万古愁。

3. 分组讨论（课件展示）。

（1）整体感知：把握全诗结构。

明确：起兴→饮酒作乐→劝酒→酒后吐真言。

（2）讨论思考：李白怎样劝友人喝酒？为此找了哪些理由？（学生讨论归纳，教师补充）

明确：会须一饮三百杯，人生得意须尽欢，将进酒，杯莫停。要饮，要狂饮，人生得意要饮，现在不得意要饮，人生短暂，及时行乐；劝饮，劝豪饮，富贵不足取，饮酒可留名（历史），怀才不遇，借酒浇愁。

最后，师生齐读全诗，强化整体感知。

五、三读：赏酒情、悟愁思

1. 全诗围绕一个"酒"字，而情感又都是基于一个"愁"字，作者因何而愁？此"愁"的实质是什么？

课件展示：

一愁：高堂明镜悲白发，朝如青丝暮成雪——人生易老，青春不再；

二愁：天生我材必有用，千金散尽还复来——壮志未酬，怀才不遇；

三愁：古来圣贤皆寂寞，惟有饮者留其名——圣贤寂寞，陈王失意。

作者因愁而悲叹时光易逝，因愁而纵酒作乐，因愁而慷慨愤激，也因愁而狂放失态，表现了一种怀才不遇又渴望用世的矛盾复杂的情感。豪放是它的外壳，愤激才是它的内核。

2. 高考链接：理解"古来圣贤皆寂寞，惟有饮者留其名。陈王昔时宴平乐，斗酒十千恣欢谑"中"圣贤"的含义，分析用典的作用。

设计意图：着重引导学生理解用典的作用，学会规范答题。

明确："圣贤"不仅指孔孟，还包括那些不能施展自己抱负的贤士。他们被排挤，遭冷落。作者对封建统治阶级埋没人才的行径不再抱幻想，决心逃于酒乡。

陈王，即曹植。遭其兄曹丕猜忌，监视，一生才学无可施展，遂借酒消愁。其狂放不羁的性格与李白极为相似。一提"古来圣贤"；二提"陈王"曹植，满纸不平之气。

设计意图：合作探究，小组展示。培养小组合作学习能力和学生口头表达能力。通过这两种能力，带动学生理解全文，深入挖掘文本。

【当堂检测】

1. 背诵并默写本诗。

2. 课堂检测。（课件展示）

（1）这首诗的基调是愤慨。在这首诗中，诗人感情的发展变化极快，开头四句写悲，一落笔就写黄河景象，有慷慨生悲之意。"人生"以下六句写欢，"钟鼓"以下六句写愤激之情，"主人"句至结尾写狂放之情。

（2）本诗的主旨句是："钟鼓馔玉不足贵，但愿长醉不复醒"，表达了诗人对权贵的鄙视态度。

（3）李白的浪漫气质和狂放的性格充分体现在诗中对夸张的运用，如"朝如青丝暮成雪"，"与尔同销万古愁"等。

【总结升华】（课件展示）

李白的身上浸透着儒家思想的血液，他平生的追求有两个，一是追求精神自由，二是建立丰功伟业。追求精神自由导致他出现一系列行为：反抗传统，蔑视权贵，理想超出王法所规定的社会等级秩序之外；建立丰功伟业，又使他与传统妥协，求助于权贵，回到王法所规定的社会秩序之中。但现实中又不可能同时占有以上二者。他的梦碎了，于是，他开始纵酒，他开始狂歌，开始了永远没有尽头的愁苦。文中他以圣贤自称，以喝酒排解内心的苦闷，以纵酒来对抗现实的龃龉，以精神的旷达来张扬自己的个性。因为他是谪仙人，所以他必定拥有恣情傲物的权利。酒是引子，愁是血液，狂是脊梁。

《将进酒》是灵与肉、理想与现实、个人与社会猛烈碰撞的巨响低回，是一曲不羁灵魂的慷慨悲歌。

【布置作业】（课件展示）

1. 收集有关写"酒"的古诗词。

2. 背诵并默写全诗。

【板书设计】（课件展示）

奔流到海不复回，高堂明镜悲白发——悲

人生得意须尽欢，莫使千樽空对月——喜（乐）（欢）

天生我材必有用，千金散尽还复来——狂

古来圣贤皆寂寞，惟有饮者留其名——愤

主人何为言少钱，径须沽取对君酌——狂

全诗的感情变化：悲——➤喜——➤愤——➤狂。

全诗感情主基调：愤慨。

【教学反思】

这节课的设计，全部在"九维六动"生本课堂架构的指导下进行。

我上完这节课，总觉得欠缺一些东西的植入。在和组内老师进行充分交流后，做了深入的反思。我认为主要是少了一些诗人个体差异性的比较。在中国的文学中，激情常常被压抑，而人们会以比较含蓄的方法进行表达，而李白是唯一能把激情彻底释放出来的人。我们总会把李白创造出的风格迥异的诗歌形式归结为他的情感饱满，洋溢到形式无法容纳的程度，所以才有了这样浪漫而不拘泥的表达。因而，也就完全认为是他洒脱狂放的个性使然。那么，若要论及个性，他的个性可不是这一两个词语就能概括的。所以，在教学时应在诗人不同诗歌的比较中扭转对诗人的定向认识，丰富对诗人、时代的多元化审视。比如，在《月下独酌》中，我们可以看到李白骄傲到喝酒只跟月亮喝，他的孤独在和宇宙的对话中消解了；《蜀道难》简直将浪漫诗发挥到了极致，他不是在写文字，他会把我们带到视觉和听觉的震荡中；写《将进酒》的李白豪迈粗犷，而写《长干行》的李白却成了一个哀怨的女子。所以他生命的丰富性就在于他能够进行多样化的角色转换，同时我们也看到了"大唐"的豁达、包容以及时代文化的多样性。

当然，教学是门遗憾的艺术，正因为遗憾，我们才可以有更多的思考和创造。反思是促进教学成效的有力武器，我想，努力思索如何在教学实践中体现"得法于课内，得益于课外"，这才是师生共同的追求。

【九维六动创新点】

本节课落实按学科核心素养和课程标准确定目标的"任务维度"，落实以生为本理念：读诗歌让学生"口动""眼动"；品诗歌让学生"脑动""耳动"；鉴诗歌让学生"脑动""心动"……真正构建起"受众维度"面向全体学生的"真实高效"课堂。落实"方法维度"，合作探究有难度深度且精准的问题，让学生通过小组合作把握李白"狂歌痛饮"豪放外表下的愤激之情。课堂气氛活跃，学生积极抢答问题，争先展示，很好地达成了"效果维度"预设目标。

五、课堂提升的基本方法

（一）精心备课

备课是上课的前提。只有备好了课，才能上好课，打无准备之仗是永远不会取胜的。备课包括个人备课、集体备课等。教师提升课堂，要从认真备课、精心备课开始。关于备课的内容将在下一章中详细阐述，在此不再展开。

（二）多听评课

多听别人的课，包括跨学科听课，不断学习借鉴他人的长处，这是提升课堂教学水平的基本途径。特别是多听名师名家的课，进步会更快。有比较才有鉴别，同别人比较，对照检查，就会发现自己课堂教学中需要弥补和改进的地方。而只有看到不足，才能促人思变，催人奋进。教师一定要多听课、虚怀若谷、虚心学习，切不可妄自尊大、画地为牢，否则便没有进步。听课时还要认真做好记录，形成书面的理性的听课心得，这是非常重要的。

听课后还要多参加评课活动，听听别人的点评，对所听课的优缺点会把握得更准，从而为己所用，会更有针对性地改进自己的课堂教学。

对学校而言，引进现代化智能化的课堂记录与分析系统，对教师课堂教学进行全方位、系统化的分析，将会达到更加理想的效果。石家庄市北附中学运用智慧化评课系统，对每堂课教师教学行为时序、教学行为分布、教学模式运用、学生参与度分布等指标都作出全面的切片分析，对教师反思、改进自己的课堂起到了很好的作用。譬如，笔者 2024 年 5 月 31 日在该校听了一节五年级数学新授课《单式折线统计图》，运用这一智慧评课系统发现：这节课教师只讲了 13 分钟，占比 29%；学生学习 32 分钟，占比 71%；学生各环节参与度均达到 100%。

要提高听评课的专业效果，建议教师学习借鉴专业听评课的工具——课堂观察。譬如，沈毅、崔允漷主编的《课堂观察：走向专业的听评课》一书，对"课堂观察"作了比较通俗而专业的解释："课堂观察，顾名思义，就是通过观察对课堂的运行状况进行记录、分析和研究，并在此基础上谋求学生课堂学习的改善、促进教师发展的专业活动。"课堂观察是对传统意义上的听评课的延伸和提升。课堂观察的起点和归宿都是指向学生课堂学习的改善，是促进教师专业发展的重要途径之一，也是一种基于合作的专业研究活动，有助于学校合作文化的形成。课堂观察带有强烈的目的性、观察点的多元性和可选择性。在具体课堂观察实践中，要从以重视观察教师"教"的行为为主转变到重视观察学生"学"的行为为主，重视对课堂文化（沟通交流、对话合作、深度思考等）的观察，做好数据记录与分析，开好课前预备会会议和课后反馈研究会议，切实通过课堂观察改善学生课堂学习、促进教师专业发展。

笔者在担任青州一中校长时，每周都坚持参加听评课活动，以下是部分听评课的案例：

【案例一】
高二时砚美老师生物新授课《微生物的基本培养技术》听课心得

时间：2021 年 3 月 8 日　第八节

地点：高二 16 班教室

本节课是一节接近完美的新授课，主要优点如下：

1. 准备充分，PPT 制作精美，搜集了很多图片资料、视频资料、实物资料，且 PPT 注重细节，不同内容用不同颜色、字体区分。

2. 学案编排合理，分学习目标、重难点、学习过程（三个学习任务）、体系构建、目标检测五个板块，简洁实用，整堂课严格按学案流程组织教学，脉络清晰。

3. 目标意识很强，一上课即展示目标并让学生找出重点学习任务，随后根据目标设定学习任务，组织教学活动，较好地落实了目标驱动、任务驱动课堂的要求。

4. 充分体现了学生的课堂主体地位，整堂课基本上以学生学习与探究为主，小组合作学习法熟练运用，每次合作探究学习都限时，对每个小组都有评价（黑板一侧）。

5．学生学习热情高涨，思维活跃，积极性高，抢答问题很踊跃，有时同一个问题，三四个同学抢答，头脑风暴，气氛活跃，值得点赞。

6．课堂紧密联系青州花卉生产生活实际，在最现实、最新、离学生最近的情境中展开教学，紧扣课标要求，也激发了学生课堂学习的浓厚兴趣，乃至大大提高了学生对生物学科的学习兴趣。

7．课堂环节设计用心而到位，特别是课堂反思小结环节，让学生总结反思（而没有老师代替）；体系构建环节，让学生画出思维导图，这一方法值得推广，建议大家学习借鉴；目标检测环节，学生自我检测，老师做了统计（全对的举手），对本堂课的目标达成度有了把握；最后布置作业。

8．善于运用表扬的武器，老师在课堂上及时表扬学生，师生关系融洽，师生成为紧密的学习共同体。

9．教师个人素养很高，课堂驾驭能力很强。

【案例二】

高三辛芳老师语文试卷讲评课听课心得

时间：2023 年 3 月 23 日　第三节

地点：高三卓越三班教室

总体来说，这是一堂堪称完美的常态化试卷讲评课。具体表现在：

1．辛老师课前就板书本节课学习目标—讲评优调试卷：（1）小组展讲；（2）解疑补充。目标驱动，师生同欲。特别是，课前就写好板书，而不是上课后再写。还有，好多老师试卷讲评课不重视课堂目标，好多甚至都不展示目标了，应向辛老师学习。

2．辛老师整堂课一直以学生读、思、议、讲、写为主，充分体现了学生的学习主体地位。10名同学回答讲解问题，3名同学黑板上展示。

3．辛老师整堂课都贯穿学生思维能力的训练，上课伊始先让学生提出不同观点，大家讨论；一同学说全是疑问，老师号召全体同学帮助解决；在分析《阿Q正传》如何体现"以文见史"这一问题时，引领同学们大胆质疑、独创。邱淦麟同学质疑：对旧社会的历史性批判。比参考答案多了一个答案项，充分体现出这个同学的语文素养之高和思考问题之深。这是这堂课现场生成的环节，也是这节课最精彩的地方。

4．辛老师的角色把控很准，主要是"引导"，发挥了课堂"一条线"的流程引导作用。也讲，但主要讲了重点的和学生易错的内容，譬如：文言文中"属"有八个意思，但只讲了最难的第八个意思"恰逢"。

5．辛老师非常重视板书及板书的作用，板书是整堂课核心内容的展示、提示、强化。譬如，对"以文见史"分析的四个维度予以板书：（1）概念；（2）起源；（3）特点；（4）意义。这是回答此类问题的方法，板书展示，且让学生记笔记，突出重点。

6．辛老师重视"读"的环节设计，充分发挥"读"的巩固、强化作用，并活跃了课堂气氛。本节课课前安排学生读练字本上的片段，是语文组集体选的精彩片段，读经典提素养，非常好；最后让学生读"属（shu）""属（zhu）""牧"三个文言词的多重意思，读中感悟，读中强化记忆与理解。语文就是语文，高三语文课，哪怕到了最后阶段，也不要丢失了语文课的味道，也不要忘却学生对语文对语言的兴趣激发。

7.辛老师很重视学生的消化整理，每个教学环节结束后，都让学生用时1分钟整理笔记。

8.辛老师很注重限时，每次讨论都规定用时（有的1分钟）。

总之，这堂课环节完整，结构紧凑，气氛活跃，师生、生生互动，充满思维训练，体现深度学习，弥漫语文味道，课堂成效凸显，听者亦被感染且沉陷其中，值得学习借鉴。

若有不足之处，一是没有课堂留白，学生没有对整堂课内容进行反思整理；二是同桌对学、小组讨论环节，后排几个学生没有参与，被边缘化。当然主要是因为这几个学生个性太强，平时就不合群（如徐炜皓）。但瑕不掩瑜，这堂课整体上是很完美的。

（三）上公开课

上公开课是提高教师课堂教学技艺的最快、最有效的途径，每上一次公开课，都会有新的提高。上公开课几乎是每一名名师成长必须攻克的堡垒。窦桂梅经常对年轻教师们说，课堂教学是一门艺术，公开课更是提高教学水平的快车道，一定要争取上公开课。公开课就像过家庭生活，如果没有客人来，可能会终年粗茶淡饭，散淡随意，正是那经常光顾的客人，使得你日常"家政技艺"一日千里。窦桂梅曾经对媒体回忆说，每一次接受领导评课她都郑重地把本子打开念道："上节课里您告诉我有以下几条缺点，您看这节课我改了多少。第一条……第二条……"她经常用录音机把自己的教学过程录下来回家细听，把发现的问题记在心里，争取在下堂课改进。

1992年，她终于有了一次上公开课的机会，执教《王二小》。由于准备得太投入，竟忘了去托儿所接孩子。这堂课一炮打响，此后便有了更多的机会在市级、省级公开课中得到历练。平常，她努力把每一节课都当公开课来要求自己。1995 年和 1997 年，她先后代表吉林省参加全国小学语文教学大赛，均获一等奖。

在此，还要强调一个非常严肃的问题，那就是公开课允许在讲课前的有限的时间内进行认真准备、充分准备，但我们坚决反对那种提前见学生，甚至哪个学生回答哪个问题都完全准备好的公开课，这种课堂造假行为应坚决遏止。

（四）多参加课堂研讨

外面的世界很精彩。天外有天，人外有人。对校内、县区内、省内、国内的课堂教学论坛等各种课堂研讨活动要多参加，因为在这些活动中能欣赏到名师大家的课堂风采，能听到来自全国不同区域的教师的声音，能学到很多的东西。只有不断取人之长，补己之短，课堂才能得到不断提升。

第八章

修炼教学力：教育家型教师驰骋教坛必备的实战功夫

要努力以自己的整个人格来使教学有兴趣！

——第斯多惠（德国）

教学是教师的教和学生的学所组成的一种特有的人才培养活动。通过这种活动，教师有目的、有计划、有组织地引导学生积极自觉地学习和掌握文化科学基础知识和基本技能；促进学生多方面素质全面提高，使他们成为国家和社会所需要的人。狭义来讲，教学是实施课程的基本途径，是学校的中心工作，是教师的主要工作行为。

教学一头连接着课程、一头连接着课堂，一头连接着教师、一头连接着学生。所以，笔者把教学的内容独立成章，作为一个单独的系统进行阐述。

笔者把教师组织、实施教学的能力统称为"教学力"。不管是一般教师，还是教育家型教师，都必须具备过硬的"教学力"，这是一项基本功夫。教师应如何修炼提升教学力呢？

一、明确教学的价值定位

"价值定位"也就是回答"为什么"的问题。做什么事情都要首先考虑其价值和意义，有没有做的必要。这是根本的动力和源泉。"教学"从狭义上讲，主要是指"学科教学"。那么，学科教学的根本目的和价值意义是什么呢？按照立德树人和素质教育的根本要求，当前学科教学的价值定位主要体现在两个方面：

（一）教学价值观的定位

关于学科教学的根本价值与意义追求，笔者非常认同湖南师范大学刘铁芳教授的观点，他认为，从哲学角度分析，好的教学是"让学生在教学中获得美好事物的经历"，教学的灵魂是"教学中超越知识授受，让学生领悟学科精神，激活学生对更高事物的体验"。

实现以上教学的哲学追求，需要教师完成三个"转变"：

1. 自身角色的转变

这一角色，就是从课堂的"主体"变成课堂的"主导"，从单一的"讲授者"变成学生学习的参与者、帮助者。

2. 教学着力点的转变

这一着力点，就是从以"教书"为主转变为以"育人"为主，坚持"育人"第一、"教书"第二，在"教书"中"育人"，在"育人"中"教书"。应该说，当前还有很多教师以"教书"为主，为教书而教书，只教书不育人，整个教学还停留在教书的低层次水平。

3. 教学根本任务的转变

这一根本任务就是从"学科教学"转变为"学科教育"，让学科教学回归学科教育、学科育人的本质。"教学"是从属于"教育"概念框架之下的。赫尔巴特在《普通教育学》中指出，既不存在"无教学的教育"，也不存在"无教育的教学"。人民教育家于漪也说过，教师是在课堂上搞教学，但更是在课堂上搞教育。

（二）教学方法论的定位

1. 不教之教为教之最高境界

学科教学理想的方法是什么呢？有的专家认为，好的教学就是如何充分地让学生自主学习，让学生走上属于自己的学习之路、自我成长之路。当前，学科教学的根本方法，就是从以"教"为中心转变为以"学"为中心，从"传递中心"走向"对话中心"，"教""学"的关系是以学定教，以教促学。实现这一根本方法的转变，要求教师在学科教学过程中，真正把学生当作学习的主体、学习的主人，教师少讲、精讲甚至不讲，把更多的时间还给学生，让学生自主学习、独立思考、合作探究、主动发展。

做一名教育家型教师

2. 激发兴趣为教学的最好方法

实现了从以"教"为中心到以"学"为中心的转变，教师还要高度重视激发呵护学生的兴趣，这是理想化教学的根本支撑。如何持续呵护、激发学生的兴趣呢？德国教育家第斯多惠说："如何使教学有兴趣，我们回答说：（1）借助于多样性；（2）教师的生动活泼；（3）一般地说，教师的整个人格。""要努力以自己的整个人格来使教学有兴趣！"这里面深藏的含义就是，提高教学的兴趣，教师教学方法要多样性、多元化；课堂要生动活泼，要有幽默感；要涵养高尚的人格，用人格的力量触动、激励、唤醒学生的生命，让学生"亲其师，信其道"。

北京十一学校《学校行动纲要》第九章第49条明确提出："实施不被拒绝的教育。兴趣是最好的老师，学校的重大教育活动都尽可能办成学生的节日，并使学生终生难忘，学科学习活动设计应该充分考虑学生的兴趣。创造条件努力让教室成为学生最喜欢的地方之一，让课堂学习成为学生最喜欢的活动之一。"这一规定，充分体现了北京十一学校对兴趣和激发学生兴趣的高度重视。

二、把握教学的关键环节

（一）全面充分备课

只有备好课才能上好课。课堂教学的成功与否、成效高低基本上取决于备课是否充分。教师一定要提高对备课的认识，做到充分备课、全面备课，不打"无准备之仗"。

1. 备课分类

（1）单元备课。单元备课的内容主要包括教材分析、学情分析、单元重难点分析、单元教学安排等。教材分析要依据课标确定单元教学内容及教学目标，明确单元教学内容在全册教材中的地位、作用以及它与前后知识的联系等。

（2）课时备课。课时备课的内容主要包括教学目标、教学重难点、教学过程、板书设计、课后作业等。

不管是单元备课还是课时备课，原则上都应形成教（学）案和辅助课件。

2. 备课步骤

不论是集体备课还是课时备课，严格意义上都应按照以下两个步骤进行：

（1）集体备课形成共案。集体备课是以备课组为单位，组织教师开展集体研读课标和教材、分析学情、制订教学计划、分解备课任务、审定教学设计、反馈教学实践信息等系列活动。以课时集体备课为例，集体备课一般按照"分工撰写—研讨修订—审查把关"的流程进行。

分工撰写：各学科教研组长（备课组长）根据教师人数，按照小循环的方式分配备课任务，主备教师基于课标和常态优质高效课堂教学要求，撰写教学设计。

研讨修订：在固定的集体备课时间，主备教师展示教学设计，组内成员充分讨论、交流后形成定稿。

审查把关：集体备课组确定的教案，由备课组长和分管领导审查后，下发到每位教师作为共案。

（2）个人备课形成个案。任课教师在认真学习共案的基础上，根据本班学生实际和个人个性特点进行二次备课形成个案。个案形式可以根据教师年龄特点和专、兼职情况实行分层管理：年轻教师建议写详案；中年教师可以写简案，简案的教学过程能体现师生的双边活动；年龄偏大的教师可在共案的基础上直接进行二次修改；兼任多门学科的教师，对所兼任的科目可在共案的基础上直接进行二次修改。鼓励教师形成自己的教学特色。实施特色教学的教师，二次备课不必拘泥于共案，可实施大胆的个性化备课。

3. 备课的关键要素

备课要"全面充分"，主要是要素的全面和充分。备课的要素很多，以常态新授课为例，主要包括十二个方面：

一是备课标，把课程标准研究透，确保教学的方向正确。

二是备教材，把教材的知识结构研究透，明确重点、难点。

三是备教法，立足本堂课的实际确定合适的教学方法。

四是备学生，全面分析学生的学习基础，掌握学情，有的放矢。

五是备教案，撰写本堂课教学的教案。

六是备学案，印制本堂课教学的学案。

七是备设备，确定本堂课教学用什么教具、实物。

八是备课件，制作本堂课教学的 PPT 课件，让学生视听结合，增强课堂效果。

九是备监测，拟定当堂检测的试题。

十是备合作，提前考虑课堂上如何开展师生合作、生生合作。

十一是备作业，提前设计好课后作业。

十二是备意外，预测课堂上可能发生的突发事件，并提前考虑应对之策。

前面提到的福建省数学特级教师任勇对备课有深入的研究和独到的理解，他说，精心备课要"备好教材，用教材教，用智慧教；备好学生，心中有每一个学生，有每一个不同的学生；备好教法，教需有法教无定法，大法必依小法必活；备好开头，引人入胜；备好结尾，留有悬念，引发探索；备好学案，渗透学法，教学生'学'；备多用寡，每天备课多一点，才能在教学中'左右逢源'；备出意境，力争达到'空谷传神'之效；备好重点，重点内容重点备、反复备、联系备、渗透备、集体备、创新备；备好难点，依旧引新寻突破，巧妙板书寻突破，强化感知寻突破，媒体演示寻突破，多样练习寻突破……"

4. 着力备好课标

课标是规定某一学科的课程性质、课程目标、课程结构、课程内容、实施建议等的教学指导性文件，是教材编写的依据，是教师教学的最权威的指导性文件，可以说是教师在教学研究和实践中必须遵守的"宪法"。教材编写要严格依据课标，教师教学要严格依据课标，考试命题也要严格依据课标。从严格意义上讲，标准不能过高也不能偏低。教师要深入研究课标，着重研究以下四个重点：

（1）学科课程性质与基本理念。只有研究透学科课程的性质与基本理念，才能准确把握学科课程教学的目标与方向。譬如，2017年版2020年修订的普通高中新课标是这样界定高中历史课程性质的："历史学是在一定历史观指导下叙述和阐释人类历史进程及其规律的学科。探寻历史真相、总结历史经验、认识历史规律、顺应历史发展趋势，是历史学的重要社会功能。历史学是人类文化的重要组成部分，在传承人类文明的共同遗产、提高公民文化素质等方面起着不可替代的重要作用。""普通高中历史课程，是在义务教育历史课程的基础上，进一步运用历史唯物主义观点，以社会形态从低级到高级发展为主线，展现历史演进的基本过程以及人类在历史上创造的文明成果，揭示人类历史发展的基本规律和大趋势，促进学生全面发展的一门基础课程。"对于普通高中历史学科的基本理念，课标提出了三点：以立德树人为历史课程的根本任务；坚持正确的思想导向和价值判断；以培养和提高学生的历史学科核心素养为目标。这些精准表述和界定，对于高中历史教材的编写和高中历史教师的教学实践具有重要的指导意义。

（2）学科核心素养与课程目标。譬如，2017年版2020年修订的普通高中历史课标明确了五个历史学科核心素养：唯物史观；时空观念；史料实证；历史解释；家国情怀。

（3）学科课程结构。2017年版2020年修订的普通高中历史课标明确了普通高中历史课程由必修、选择性必修、选修三类课程构成，采用通史与专题史相结合的方式。

（4）学科课程内容。不同学科课标都对学科课程内容作了精要总结，并提出了教学提示，教师要准确把握。

（5）学科教学方法。不同的学科课程有不同的教学方法，对此，课标都提出了课程实施建议，不同学科教师要认真学习领会并深入贯彻落实。

（6）学科学习方法。新课标的核心理念是更加关注人的发展，关注人的个性发展，这就要求教师更加关注、尊重、了解、呵护每一名学生，指导学生转变学习方式，倡导自主学习、探究学习、合作学习，强调师生互动、生生互动，强调沟通、对话、交流。同时，不同学科有不同的学习方法，譬如，语文学科要重视引导学生多读、多写、多背、多积累，历史学科要注重时序性学习、古今比较、中外比较等。

5. 下大力气备好教材

教师要下大气力研究教材，尤其是对新教材，要充分领会新教材的编写意图，了解新教材的编写结构，熟悉新教材的基本内容，了解新教材各部分内容在整个学科、篇、章或课时中所处的地位，洞悉教材的结构知识体系，知晓教材的教学目的和要求、特点、重点、难点。对不同版本的教材，教师也应进行研究，比对差异，吸取精华，拓宽视野，弥补所用版本教材之不足。

（二）精心精彩上课

教师上课要做到精心精彩，必然要遵循课堂的基本规则与要求。在上一章对课堂教学已作阐述，在此重点介绍一下课堂教学的基本原则和教师上课的技术细节。

1. 课堂教学的基本原则

笔者就任青州一中校长后，对全体教师提出了课堂教学的十大黄金原则：

（1）先让学生喜欢你。

（2）面向每一个，不放弃最后一个。

（3）兴趣永远第一，没有兴趣就没有真正的学习。

（4）不要剥夺学生的自主学习和独立思考权。

（5）拿起表扬的武器。

（6）公平对待每一个学生。

（7）结果导向，效率第一。

（8）合作学习、体验学习、实践应用学习，是全世界公认的高效教学方法。

（9）永远不打无准备之仗。

（10）养成反思的习惯。

2. 教师上课的技术细节

（1）衣着整洁大方，不穿奇装异服，避免分散学生注意力。

（2）严格执行课前 1～3 分钟候课制度，上课不提前，不迟到。

（3）严格执行站立讲课制度，除特殊情况不坐着讲课。

（4）不早退，不擅自离开课堂，杜绝空堂。

（5）上课精神饱满，教态亲切自然，全程面带微笑更好。

（6）上课不做与教学无关的事，如不接待客人，不接听电话等。

（7）遵循因材施教、循序渐进、启发诱导等教学原则，摒弃"满堂讲""满堂灌"等不符合新课改理念的教学方式。

（8）灵活组织和调控课堂教学，正确处理预设与生成的关系，能敏锐地捕捉并灵活处理新情况和新问题。

（9）坚持使用普通话，讲课声音要洪亮、有感染力，追求语言美。

（10）尊重学生人格，尊重学生不同意见，严禁体罚、变相体罚、侮辱学生。

（11）板书要简要、规范，形成知识脉络，体现教学重点、教学思路。

（12）充分利用多媒体教学设备，增强趣味性和实效性，课件要简要，课件字体大小适中，能让后排学生看得见。

（13）课堂上注重学生良好听课习惯的培养，如善于提问、积极思考、会记笔记、整理错题本，学会运用不同颜色的笔做标记等。

（14）关照每一个学生，不要总是提问优秀的学生。

（15）教师课堂站位不要固定，要以讲台为中心，前后左右都要兼顾。

（16）均衡分配课堂时间，避免"前松后紧"，前段用时过多，后段草草收尾。

（17）下课铃响马上下课，不拖堂。

（18）课堂要有仪式感，上课时教师要喊"上课"，学生可齐喊"老师好"等；下课时老师要喊"下课"，学生应齐喊"老师辛苦了"等，师生都要增强对课堂的敬畏。

（三）精当布置作业

1. 作业布置

（1）科学设计。作业设计要基于课程标准和教材的重难点，既要有典型性，又要有层次性。课堂作业、家庭作业除完成教材和配套练习册上的内容外，还可根据学生的不同水平，设计难易各异的作业；作业量要适中；难度要适宜。要杜绝为了应付检查的无效作业，提倡布置一定量的研究性、探究性、实践性家庭作业。

（2）控制总量。课堂作业量要控制在当堂完成，严禁将课堂作业当家庭作业完成。家庭书面作业实行总量控制，严格执行上级教育部门的规定，譬如，小学一、二年级不留书面家庭作业，其他年级除语文、数学外不留书面家庭作业，语文、数学书面家庭作业每天不超过1小时。

（3）明确要求。以小学为例，作业书写一二年级用铅笔，三至六年级用钢笔；书写要认真，字迹要工整；作业格式要规范；语文、数学家庭作业除配套练习以外，要求在家庭作业本上完成；要指导学生养成独立完成、认真检查作业的好习惯。初高中作业布置同样要认真落实上级规范要求。通过布置作业和学生写作业，培养学生良好而持久的学习习惯，这也是作业布置的重要的价值意义。

山东省潍坊市一直倡导作业布置要"三布置三不布置"。"三布置"：布置发展思维的作业，布置引导学生探究的作业，布置迁移拓展、提高能力的作业；"三不布置"：不布置重复性的作业，不布置惩罚性的作业，不布置超过学生合理学习限度的作业。这一做法很值得学习借鉴。

（4）提倡布置育人主旨作业。教育的根本目的是育人，是促进人的成长。除了布置学科相关的作业，教师特别是班主任，应在周末、假期多布置一些旨在增进亲子感情、培养感恩情怀、增强责任担当意识等主题的作业，譬如帮助父母做家务、到社区进行志愿者服务等。

2. 作业批改

对作业批改教师要认真对待，重点做到三点：

（1）批改要及时。原则上当天作业当天批完，以便及时了解学生对当天课程学习掌握的情况。

（2）要全批全改。除了开展作业批改实验等特殊情况，原则上要全批全改。如果学生的作业经常没有被教师批改，学生会产生"今后作业做不做无所谓""老师对我不重视"等想法，学习积极性会受打击。

（3）批改要规范。特别是不能批错，如果批错，教师在学生心中的形象会打折扣，信任度将下降。

（四）科学检测评价

在整个学科教学体系的要素链条中，检测评价是最后一个。教学效果如何，学生掌握的情况怎样，必须通过检测评价来检验。而监测评价的主要途径就是考试。所以，教师要不断锤炼提高以命题考试为中心的检测评价能力。

1. 明确考试类型

各种检测考试包括单元检测、阶段性考试、期中考试、期末考试、升学考试。升学考试中，中考、高考应是教师们研究的重点。

2. 提高命题能力

各学段各学科要基于课程标准进行命题。单元检测、阶段性检测等过程性考试试题力求题型新颖，覆盖面广，立足教材，适当拓展，贴近生活，注重考查学生的基础知识、基本能力和运用知识解决问题的能力。坚持原创题目为主，也可以适当借鉴优秀题型，但不要照搬照用不符合本校本班学生学习实际的成卷、成题。对期中期末等大型考试，试题的难度、深度、广度、灵活度应适当提高。

3. 分类检测评价

所有按课程方案开设的课程都应按规定要求进行测试或考查，但有的科目属于考试科目，有的科目属于考察科目。以小学为例，对语文、数学、英语三科考试科目的评价，要全面反映学生综合运用知识的能力，如收集、整理、利用信息的能力，提出、研究和解决问题的能力等。对于考查科目（语、数、英以外的其他学科）的评价，应根据学科特点及实际需要，实行问卷调查、现场操作、现场展示等形式组织。

4. 及时阅卷反馈

对每次考试，教师都要及时批阅试卷，及时向学生反馈。在义务教育阶段，教师批阅试卷要设计批阅记录，根据学生答卷情况进行等级评价，评价等级可分为 A、B、C、D 四等。每次检测结束后，教师要在全面分析学生试卷的基础上，写出试卷分析，实施好矫正教学。高中阶段实行分数评价，每次大型考试后，教师除了向学生反馈，建议教师、学生都要认真写出考后反思，查找每次考试出现的问题。

三、合理选定教学方法（模型）

不同的教师、不同的学科、同一学科的不同教学单元所用的教学模型、方法都是不同的，一种方法用到底是不科学的。因此，教师要根据不同学科、不同授课单元甚至不同的班级（学生）来选择确定合适的教学模型、方法。根据学习科学的最新研究成果，教师要了解以下三种国际上被广泛认可的教学模式（模型、方法）：

（一）整合性主题教学

提出者为美国教育学者苏珊·J. 科瓦列克。

（1）基本认识。优质的教学是情景式的浸润性教学，最大限度地调动学生多元感官参与，创造低压力、高挑战的学习环境，使学生在真实参与的过程中形成更加丰富的心理联系与意义建构。

（2）基本步骤。强调主题性的课程设计与教学活动设计。以主题为核心，融多学科于具体学习活动之中，学生被浸润在真实情境中以提供丰富的感观输入，在真实活动之中，学生形成更加深刻的概念理解能力、语言能力以及对知识的迁移能力。

（3）学习原理。学习是在大脑和身体相互协作中进行的。情感是学习与认知的看门人；智能是通过经验而发展的；不同文化背景的人会使用多元智能来解决问题和创造产品；大脑对意义的搜寻是对有意义模式的搜寻；学习是对有用心智的获得。

（二）分层课程模型

提出者为美国心理学家 K. F. 朗利。

（1）基本认识。优质的教学必须关照学习者的学习倾向差异，着眼学生的个性发展，充分调动学生的学习兴趣、主动性。

（2）基本步骤。首先强调任务的分层，通过思维要求不断上升的层级，使学生获得知识学习的自然发展；其次强调每个层级中的任务分类及自由组合；再次强调任务中的合作、探究和情境性。这样可以照顾到不同学习偏好的学生的个性需求，并使学习和教学活动与每个学生形成最佳的匹配关系。

（3）学习原理。不同学习风格的学生有不同的大脑加工信息倾向，即不同风格偏好的学生加工信息时能激活不同的感官区域，不同风格的学生更加偏爱且更易于加工相适应类型的信息。

（三）综合学习设计

提出者为荷兰教育技术学家杰罗姆·范梅里恩伯尔。

（1）基本认识。优质的教学是在真实的学习任务中将知识、技能和态度进行整合，把本质上相异的各个部分进行协调，形成"组成技能"并使之迁移。

（2）基本步骤。包括四个元素，即面向学习任务、呈现相关知能、提供支持程序和安排专项操作。十个步骤：设计学习任务，排列任务类型，设定学习目标，排定相关知能，厘清认知策略，确定心理模式，设计支持程序，明晰认知规则，弄清前提知识，安排专项练习。

（3）学习原理。学习离不开"手脑并用，情知一体"，具体表现为3H: hand，head，heart（手、脑、心）。

四、面向个体进行教学

这是教育教学工作的最高要求、最高境界。面向个体实施教学，其实就是进行因材施教、分层教学。当下严重的问题是，很多教师只是面向班级中前10名、前20名或者前30名学生施教，对后20名或者后30名不闻不问，听之任之。这既非面向个体、因材施教，更违背了教育公平的基本原则。还有的教师总是抱怨班级成绩不理想或进步不大，而没有思考其中根本原因是大一统、标准化的教学导致的。学生的智商、情商、学习基础、记忆能力、理解能力、接受能力都是有区别的，有的学生可能听一遍就明白了，有的可能听三遍还不行，有的学生背一篇课文只需要20分钟，有的可能需要一个小时。所以，教师要因人而异，因材施教，才能实现班级总体成绩的提高。

对学校整体来说，面向个体、因材施教的基本做法是课程分层。譬如数学课程按照难易程度分为数学Ⅰ、数学Ⅱ、数学Ⅲ等，由学生自己选择，并且实行动态管理。一段时间（一个学期或学年）后，学习数学Ⅰ的学生可以转到数学Ⅱ班学习，学习数学Ⅱ的学生可以转到数学Ⅲ班学习。

对教师来说，面向个体、因材施教的做法是分层教学，包括分层备课、分层提问、分层布置作业、分层考试等。分层备课就是教师在备课时就充分考虑到每一个学生，而不是大一统、标准化的备课；分层提问就是难度不同的问题找不同层次的学生去回答，而不是很难的问题让学习基础很差的学生去回答；分层布置作业就是针对不同层次的学生布置不同难度的作业，而不是全班学生布置同一份作业；分层考试就是针对不同层次的学生命制不同难度、深度的试卷，而不是全班学生共用一张试卷。

苏霍姆林斯基在《给教师的100条建议》中的第一个建议就是"请记住：没有也不可能有抽象的学生"，其实是谈到了学生的差异性以及教师应实施差异化数学。他提出，"学习上的成就"这个概念本身就是一种相对的东西。对一个学生来说，"5分"是成就的标志，而对另一个学生来说，"3分"就是了不起的成就。教师要善于确定每一个学生在此刻能够做到什么程度，如何使他的智力才能得到进一步的发展，这是教育技巧的一个非常重要的因素。他还打了个比喻："让所有刚入学的7岁儿童都完成同一种体力劳动，例如去提水，一个孩子提了5桶就筋疲力尽了，而另一个孩子却能提来20桶。如果你强迫一个身体虚弱的孩子一定要提够20桶，那么就会损害他的力气，他到明天就什么也干不成了，说不定还会躺到医院中去。儿童从事脑力劳动的力量，也是像这样各不相同的。"

五、形成个性化教学法

教师教学的最高目标、理想目标是形成个性化的教学法或教学风格。很多名师经过多年的探索实践，最终都形成了自己思想深邃、体系健全、方法独特、效果卓越，而且可供学习借鉴，甚至可复制可推广的教学法。下面是几位名家名师的个性化教学法简介，供大家学习借鉴：

（一）李吉林的情境教学法

著名儿童教育家李吉林经过30多年的持续探索和研究，创立了情境教学法，并逐步使这一教育理论和实践体系从情境教学走向情境教育、情境课程、情境学习。在情境创设上，李老师站在美学和艺术的高度，概括出创设情境的六大途径：以图画再现情境；以音乐渲染情境；以表演体会情境；以语言描绘情景；以生活再现情境；以实物演示情境。2014年，李吉林因其情境教学法获得全国首届"基础教育国家级教学成果"特等奖第一名。单从教学法视角来看，情境教学具有四个鲜明的特点：

（1）情切（情真意切）。通过生动形象的场景激起学生的学习情绪，结合教师的语言、情感以及教学内容，形成一个广阔的心理场，作用于学生的心理，促使他们主动积极地投入学习活动，实现学生的全面和谐发展。

（2）意远（意境广远）。通过教师的引导和学生的想象活动，将教材内容与所展示的生活情境联系起来，形成想象契机，有效地发展学生的想象力，拓宽学生的意境，使学生能够深入理解课文描写的情境。

（3）理蕴（理寓其中）。在教学过程中创设具体情境，使抽象的理念伴随着形象展现，这不仅帮助学生形成对事物现象的感性认识，还能促进对事物本质及其相互关系的理性认识，有效提高学生的认识力。

（4）形真（形象真切）。要求形象具有真切感，神韵相似，以鲜明的形象强化学生感知教材的亲切感，通过"神似"显示"形真"，增强学生学习的真实感和参与度。

这些特点共同构成了李吉林情境教育教学的核心框架，旨在通过创设富有情感、想象力和深刻意义的教学情境，促进学生的全面发展。不管哪个学段的教师，都应认真学习运用这一教育教学法。

（二）魏书生的"快乐自主学习法"

魏书生是著名的教育家，其教育教学思想概括起来就是"民主＋科学"。在具体的语文教学方法上，他着力让学生在快乐中自主学习，形成了"快乐自主学习法"。具体体现在两个方面：

（1）体现在课堂上。魏书生先当校长，后干局长，还常年在外开会、讲学，但仍然担任班级语文教学任务，课怎么上呢？主要是让学生自学，并在自学的基础上让学生教学生，也就是"兵教兵"，这是一种十分高效的教学方法。

（2）体现在作业布置上。他让学生就怎样对待老师布置的作业这个问题进行讨论，最后大家一致认为：老师可以不布置作业；如果学生觉得老师布置的作业不合适，可以不写，但是学生必须给自己留定量的作业。这里所说的"定量"，魏书生有一套标准，即内容由学生自己确定，数量由大家共同商定。数量多少呢？每天，语文一页（16开纸，500个字算一页），数学两页，英语两页，物理半页，化学半页，教师布置的作业不超过这个量，学生自留的作业至少达到这个量。

魏书生放手让学生自己学习，自己设计作业，在深层次上使学生学习的动力被激发了出来。

（三）钱梦龙的"三主四式"语文导读法

钱梦龙是中学语文界著名的特级教师，为每一位中学语文教师所知晓。他创造了"三主四式"语文导读法，"三主"即学生为主体、教师为主导、训练为主线，"四式"即自读式、教读式、练习式、复读式。这一教学法在全国产生了广泛影响。他的学生不但学得轻松，而且可以应付各种考试，还能考出好的成绩。

（四）刘建宇的"全息教学法"与"16字教学方略"

数学特级教师刘建宇，是山东省临沂市罗庄区册山中学、临沂二十中数学教师，齐鲁名师，一位建立了自己极富哲学特色的数学教学法的全国闻名的数学教师。

当时在临沂任教时，刘建宇被称为"数学领袖"。别人介绍说，刘建宇老师有一根数学教学的魔鞭，变幻莫测，异常神奇——他从来不布置一道课外数学题，在课堂上教哲学、讲革命故事，甚至在中考之前让学生在课堂上观看电视转播的世足赛，创建家庭炉边谈话式课堂教学、微型小说式课堂教学等方式。有一年，5名初一学生自愿参加初三毕业考试，均获佳绩；2名初二学生在初三全国数学竞赛中进入全区前8名；67名初二学生破例参加全市数学中考，平均得分超过全市初三学生平均分 6.8 分，两名学生突破 110 分（满分 120 分）。有一年全国数学竞赛，全区前 4 名均被刘建宇班学生包揽。

刘建宇在长期的教学实践中研究确立了"全息教学法"和"框架构建，整体推进，全局着眼，局部完善"的"16 字教学方略"。他的教学特色与个性主要体现在：

（1）兴趣第一。学生对刘建宇佩服得五体投地。他教的学生，90% 的喜欢数学，80% 的认为数学简单，45% 以上的在初二下学期开始不久便自学完了全部初三课程，而且有的学生还学完了物理和化学课程，其中最主要的原因是他特别重视学生学习兴趣的激发。他的学生因为转学、升学等原因不能跟他学数学了，很多会号啕大哭。

（2）建构整合。刘建宇认为："不谋全局者，不足以谋一域；不谋万世者，不足以谋一时。"比如有关"方程"的内容，小学学过，初中仍是重点，相关内容在不同年级出现，目的是"分散难点"，但是，学生若按部就班地学，不仅感觉到难、繁、乱，学完后还抓不着核心。所以，刘建宇老师对这些课程内容进行重组，打破教材顺序，有时一节课，初一、初二、初三三年内容全有。

（3）融入哲学。刘建宇说，在课堂上讲哲学，与数学教育休戚相关。数学本来就是哲学王国里的一个重要成员，马克思主义的传播，是一位数学老师义不容辞的责任，是真正教好数学的一条捷径。他给学生讲《资本论》《共产党宣言》等，从容自若中透射出哲理的光华。他说，世界杯里有激战，也有智慧之争、人格之美，作为一个社会的人，学生理应从中获取自己应该得到的东西。它不会影响数学的学习，相反，还会给他们以激励，以鼓舞。讲革命故事，不是枯燥的思想灌输，而是感性的人文关怀，是向学生隐性地注入高尚人格的因子。他说，他是将数学教学当成了教育与哲学来对待的。

（4）分层分类。刘建宇基于学生的认知差异和不同的学习基础，提出不同的目标要求，设置了七个清晰的学习层次：懂、会做、保证全对、形成技能、学会方法、明了思想、感悟学习之道。学生可以根据自己的情况选择想达到的目标，并不断地"螺旋上升"。

（5）培养素养。刘建宇认为，学生基本数学素养的形成，是学好数学的思想奠基工程，只有通过对思维有深刻影响的活动方可实现。从知识的角度讲，这种活动体现在对反映共同数学思想的知识进行模块化组合，并且进行活动式的系统施教。零散的知识点施教形不成思维习惯，更形不成素养。所以，必须站在全局系统的高度，对课本知识进行一种模块化组合，从而培养学生类比、归纳、转化的"三思维能力"。

（6）重视训练。刘建宇认为，做题是一种研究性学习，反思至关重要。比如老师讲过多遍的题，学生为什么还不会做？这不能从学生听讲不太认真甚至太笨等方面考虑，而应当从学生生理的角度（遗忘规律）、做题时的心态与学科体系的角度分析研究。

（7）以生为本。刘建宇认为，教学只有实现了自觉自动，才能真正实现其教育的价值。所以课堂教学的一切设计、组织和实施，必须围绕着学生现实的学习需要、学习实际来加以调整和组织，形成以学生为中心的开放的学习过程和教学过程。

（8）学会自学。为了让学生的思维活跃起来，刘建宇要求学生在上课之前预习未学内容，并要对教师讲授的内容提出自己的见解，以使教师的教与学生的学产生思维碰撞。为提高预习自学效果，他提出"四环读书法"：一是看书求理解，即理解课本中的公式、法则、定理、概念等；二是看书求结构，即对课本中的知识框架能够基本记忆；三是看书求联系，包括知识间的渗透联系，知识点在章节的位置，章节与章节之间的联系，章节在整书中的位置、在整个初中的位置，让学生学会从全局中把握知识，从全局中把握某个知识点；四是看书求归纳，使知识系统化、规律化。

（9）自我教育。刘建宇实施了"自教循环往复策略"，即让学生循环往复地开展自我教育。譬如，让学生写《假如父母在我身边》"本周我做了哪些不满意的事"《这样做，我能成功吗》等，并且分批开展《我如何培养自主学习习惯方法谈》等活动。对于部分后进生，开展一天学会一道代数题、一个几何定理，以及一天有一定收获的活动，以此来培养他们自我评价、自我研究、自我约束的能力。通过这些措施让学生认识到：学习不能单凭兴趣，它更是一种责任。

刘建宇说："高层次的数学教学，其实是一种数学教育，是让学生智慧生成的思维之旅。没有枯燥无味的知识，只有枯燥无味的教学；没有缺乏智慧的知识，只有缺乏智慧的教学。"

（五）李金池的"高效 6 + 1 课堂教学模式"

衡水中学原校长、石家庄精英中学校长李金池可谓大名鼎鼎，无人不知，无人不晓。应该说，是他创造了衡水中学的辉煌，又是他开创了石家庄精英中学的辉煌。而这两个"辉煌"的缔造，主要得益于他的个性化课堂教学范式。履职精英中学后，他在承继衡水中学经验的基础上，从精英中学的校情出发，原创了"高效 6 + 1 课堂教学模式"。"6"指的是课堂上指向"学"的六个环节：导、思、议、展、评、检。其中，"导"是课堂的起点，包括"导入"和"导学"两部分；"思"是自读深思，是学生自主学习的环节；"议"是合作学习，包括同桌二人互帮互学和学习小组集体探究学习；"展"指激情展示，由学生代表个人或小组展示交流；"评"指教师精讲点评，答疑解惑；"检"指检测反馈，主要是在教师引导下，学生整体回顾、内部消化、自我检测。"1"指的是课堂外学生利用自习等时间完成的环节，主要指向"用"，即迁移运用，复习巩固。

做一名教育家型教师

六、掌握影响教学的四种心理学理论

（一）多元智能理论及其对教学的启示

1. 多元智能理论

多元智能理论是由美国哈佛大学教育研究院的心理发展学家霍华德·加德纳（Howard Gardner）在 1983 年提出的。加德纳研究脑部受创伤的病人，发现他们在学习能力上的差异，从而提出本理论（如图 4 所示）。传统上，学校一直只强调学生在逻辑——数学和语文（主要是读和写）两方面的发展，但这并不是人类智能的全部。不同的人会有不同的智能组合，例如，建筑师、雕塑家的空间感（空间智能）比较强，运动员和芭蕾舞演员的体力（肢体运作智能）较强，公关人员的人际智能较强，作家的内省智能较强。

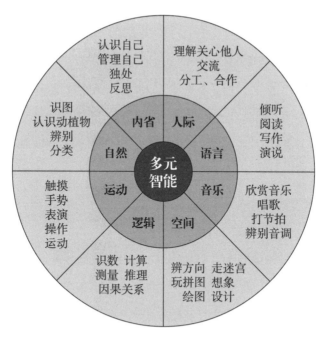

图 4　多元智能理论

2. 多元智能理论对教学的启示

（1）改变传统的学生观。在人才观上，多元智能理论认为几乎每个人都是聪明的，但聪明的范畴和性质呈现出差异。"天生我材必有用"，学生的差异性不应该成为教育上的负担，相反，是一种宝贵的资源。我们要改变以往的学生观，用赏识和发现的目光去看待学生，改变以往用一把尺子衡量学生的标准，要重新认识到每位学生都是一个天才，只要我们正确地引导和挖掘他们，每个学生都能成才。

（2）重新定位教学观。在教学方法上，多元智能理论强调应该根据每个学生的智能优势和智能弱势选择最适合学生个体的方法。按照孔子的观点，就是要考虑个体差异，因材施教。"因材施教"是孔子创立的教学方法，并在个别教学环境下成功地实施了。我们要继承这一珍贵的教育遗产，在运用多元智能理论的前提下更好地实施。我们要关注学生差异，善待学生差异，在教学中，根据学生差异运用多样化的教学模式，促进学生潜能的开发，最终促进每个学生都成为优秀的自己。

（3）重新调整教学目标。在教育目标上，多元智能理论并不主张将所有人都培养成全才，而是认为应该根据学生的不同情况来确定每个学生最适合的发展道路。通俗来讲，多元智能理论不是让学生千军万马过独木桥，也不是简单地要求给学生多架几座桥，而是主张给每一位学生都铺一座桥，让"各得其所"成为现实。人是手段，更是目的。教育的价值除了为社会培养有用之才，更在于发展和解放人本身。

（4）积极变革教学行为。教师备课、上课不能再像以往那样仅仅为了完成教学大纲的要求，而是更多地从关注学生、开发学生潜能、促进学生全面发展方面去考虑问题。要采用多种方式和手段呈现用"多元智能"来教学的策略，实现为"多元智能而教"的目的，改进教学的形式和环节，努力培养学生的多种智能。如在教学形式上重视小组合作学习和讨论，以利于人际智能的培养；在教学环节上重视最后的反思环节，培养学生的内省智能等。

（二）学习动机理论及其对教学的启示

对学习行为是如何受学习动机影响这一问题，大致可以归纳为三类：一是强调诱因的直接作用，属于行为主义的观点。二是强调需要的直接作用，属于人本主义的观点。三是强调对于需要、诱因以及学习活动本身相关因素的意识和思考作为中介起作用，属于认知主义的观点。

1. 行为主义——强化理论

人的学习行为倾向完全取决于某种行为与刺激因强化而建立的稳固关系，受到强化的行为比没强化的行为更倾向于再次出现，因此，不断强化可以使这种联结得到加强和稳固。人们认为强化能够促进学习动机。如在学习过程中，采用各种外部手段，如奖赏、赞扬、评分等，激发学生的学习动机，引起相应的学习行为。

强化理论对教学的启示：外部强化能够短暂有效地调动学生的积极性，学生的年龄越小，这一作用越明显。采用奖赏、赞扬、评分等激发学生学习动机是可行的。但只重视外部诱因的功利性的激发动机，不能从根本上调动积极性，所以效果是不持久的。采用这一方法的同时，还要从内因上，从学生的自主学习、自主发展上激发动机。如果内因、外因两个方面同时发力，效果会更好。

2. 人本主义——需要层次理论

马斯洛的需要层次论认为，人有七种基本需要：生理需要、安全需要、归属和爱的需要、自尊需要、求知需要、审美的需要、自我实现的需要（如

图 5 所示）。这些需要从低级到高级排成一个层级。马斯洛对这七种需要进行了进一步的区分：位于需要层次图底部的四种需要被归为缺失需要，它是个体生存所必需的，必须得到一定程度的满足。如果所有的缺失需要都得到了一定的满足，那么个体将继续追求上面的三种高层次需要，这些需要被归为成长需要，它能够让个体生活得更有质量。一般而言，在学校中最重要的缺失需要是爱和尊重。

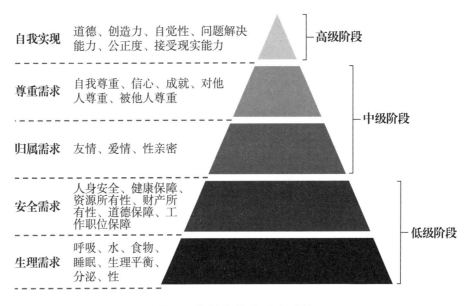

图 5　马斯洛需要层次理论

需要层次理论对教学的启示：在某种程度上学生缺乏学习动机可能是由于某种低层次的需要没有得到充分满足，如父母离异、教师的关注度不够、学生对班级的融入感等，都有可能导致归属与爱的需要得不到满足。而正是这些因素会成为学生学习和自我实现的主要障碍。所以，对家长来说，要尽最大可能给孩子创设良好的物质生活条件，保证学生吃得好、穿得好，生活舒心；还要营造幸福和谐的家庭氛围，父母吵架甚至离异会让学生失去安全

　做一名教育家型教师

感，甚至会完全丧失学习动机。对教师来说，不仅要关心学生的学习，也应该关心学生的生活，还要建立平等融洽的师生关系，营造和谐愉悦的课堂气氛，让每一个学生都能融入班集体、融入团队，都能找到存在感、幸福感，都能体会到爱和尊重，那么学习的内在动力就会被深度而持久地激发。

3. 认知主义理论

（1）认知主义——成就动机理论。

成就动机是个体为达到某一有价值的社会目标的内部动力。它是后天获得的具有社会意义的动机，是人类社会独有的。代表人物有麦克利兰和阿特金森。这个理论认为，个体的成就动机可以分为两部分：趋向成功倾向和避免失败倾向。趋向成功的倾向，指力求克服障碍，施展才能，从而尽快地解决某一难题的心理倾向；避免失败的倾向，指为了避免因失败而在他人心中形象受损失时带来的不良情绪。根据这两类动机在个体的动机系统中所占有的强度，可以将个体分为力求成功者和避免失败者。力求成功者的目的是获得成功，所以他们会选择有所成就的任务，而成功概率为 50% 的任务是他们最有可能的选择。避免失败者倾向于选择非常容易或者非常困难的任务，因为选择简单的任务可以确保成功，而选择很难的任务，即使失败也可以找到适当的借口。

成就动机理论对教学的启示：给学生布置学习任务要基于中等难度，成功必须在学生能力可及的范围之内。如果任务难度过大，学生认为自己无论怎样努力都实现不了，那么学习动机就会减弱；如果任务过于简单，学生认为不用很努力就会实现，那么学习动机也会大大减弱。所以，把握学习任务和奋斗目标是一门学问，需要教师认真研究，尤其是要立足每一名学生的实际。

（2）认知主义——成败归因理论。

人们在完成一件事情或做完一项工作之后，都喜欢寻找自己或他人之所以取得成功或遭受失败的原因，这就是归因。心理学家维纳对行为结果的归因进行了系统的探讨，并把归因分为三个维度：内部归因和外部归因、稳定性归因和不稳定性归因、可控制因素归因和不可控制因素归因；又把人们活动成败的原因即行为责任主要归结为六个因素，即能力高低、努力程度、任务难易、运气好坏、身心状态和外界环境。三维度六因素关系如表4所示。

表4　成败归因理论表

项目	稳定性		内在性		可控性	
	稳定	不稳定	内在	外在	可控	不可控
能力高低	+		+			+
努力程度		+	+		+	
任务难度	+			+		+
运气好坏		+		+		+
身体状态		+	+			+
外界环境		+		+		+

　　成败归因理论对教学的启示：一是教师要引导、帮助学生进行正确的归因，让学生多从主观方面查找原因，少从客观方面找借口。二是长期消极归因不利于学生成长。凡是将成败归因于努力程度不够等自我责任的学生，归因倾向是积极的；凡是将成败归因为自己能力不足或其他外在因素的，归因是消极的，就会认为个人先天不聪明、能力不足，或者试题难度太大等。积极归因的学生被称为"求成型学生"，消极归因的学生被称为"避败型学生"。三是教师的反馈对影响学生归因至关重要。特别是对缺乏自信的"避败型学生"，教师要多给予鼓励和支持，引导他们树立自信，主观上多努力。

（3）认知主义——自我效能感理论。

自我效能感指人们对自己是否能够成功从事某一成就行为的主观判断。班杜拉在他的动机理论中指出，人的行为受行为的结果因素与先行因素的影响。行为结果因素即强化，包含直接强化、替代性强化和自我强化；先行因素就是通常所说的期待。期待包括结果期待和效能期待。结果期待就是指人对自己的某一行为会导致某一结果的推测，如一个人认为，上课好好听讲就能取得好成绩，他就会好好听讲。效能期待就是指人对自己能够进行某一行为的实施能力的推测或判断，如一个认为好好听讲就能取得好成绩进而好好听讲，并且他还感到自己有能力听懂教师所讲的内容，才会认真听课。在人们获得相应的知识、技能后，自我效能感就成为学习行为的决定性因素。

自我效能感理论对教学的启示：一是教师要千方百计创造机会让学生体验成功。对学生布置任务要合理，要因人而异，特别是对成绩差一些的学生，可提出相对容易一些的问题让他们回答，学生一次次地成功，便会积累形成持久而稳固的自我效能感。如果学生一次又一次失败，自我效能感就会大大降低，慢慢地对学习就没有信心了，甚至对什么也没有信心了。二是教师要运用好自我效能感的迁移。成绩差的学生并非一无是处，有的可能运动能力很强，有的可能艺术素养很高，教师可在他们的特长领域进行挖掘，让他们体验到成功，进而迁移到其他学科学习，让他们拥有自己同样能学好的自信。三是教师要教学生学会学习，不断提高自己的学习能力，形成自己的学习策略。正确的方法、科学的策略会提升学生的自我效能感。四是教师要创设宽松和谐的教学氛围，包括民主平等的师生关系、融洽和谐的同学关系等。学生在心平气和的环境里学习比在压抑紧张的环境里学习，对成功的期待和判断都要强，自我效能感也会提高。

（三）最近发展区理论及其对教学的启示

1. 最近发展区

最近发展区理论是由苏联教育家维果茨基提出的。他认为学生的发展有两种水平：一种是学生的现有水平，指独立活动时所能达到的解决问题的水平；另一种是学生可能的发展水平，也就是通过教学所获得的潜力。两者之间的差异就是最近发展区。维果茨基的最近发展区理论，主要是就智力而言的，其实在学生心理发展的各个方面也存在着最近发展区（如图6所示）。

图6 最近发展区理论

2. 最近发展区理论对教育教学工作的启示

（1）教学应着眼于学生的最近发展区，为学生提供带有难度的内容，调动学生的积极性，发挥其潜能，超越其最近发展区而达到下一发展阶段的水平，然后在此基础上进行下一个发展区的发展。

（2）教师应该围绕最近发展区大做文章，给学生设定合理的学习目标，不断激励、赞扬学生，让学生不断看到成功的希望，明确努力的目标，获得前进的动力，一步一步地发展自己，一点一滴地完善自己。

（四）遗忘曲线理论及其对教学的启示

1. 遗忘曲线理论

遗忘曲线由德国心理学家艾宾浩斯（H. Ebbinghaus）研究发现，描述了人类大脑对新事物遗忘的规律。人们可以从遗忘曲线中掌握遗忘规律并加以

做一名教育家型教师

利用，从而提升自我记忆能力。该曲线对人类记忆认知研究产生了重大影响。

遗忘曲线理论的具体内容：遗忘在学习之后立即开始，而且遗忘的进程并不是均匀的，最初遗忘速度很快，以后逐渐缓慢。艾宾浩斯认为"保持和遗忘是时间的函数"，他用无意义音节（由若干音节字母组成，能够读出，但无内容意义，即不是词的音节）作记忆材料，用节省法计算保持和遗忘的数量，并根据他的实验结果绘成描述遗忘进程的曲线，即著名的艾宾浩斯记忆遗忘曲线。（如图7所示）

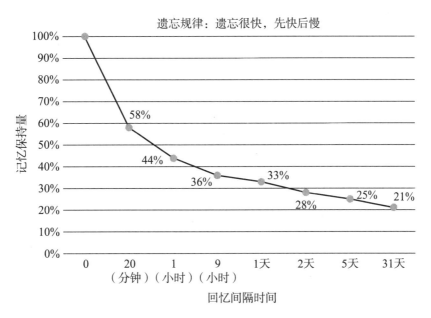

图 7　艾宾浩斯遗忘曲线

这条曲线告诉人们在学习中的遗忘是有规律的，遗忘的进程很快，并且先快后慢。观察曲线，你会发现，学得的知识在一天后，如不抓紧复习，就只剩下原来的25%。随着时间的推移，遗忘的速度减慢，遗忘的数量也就减少。有人做过一个实验，两组学生学习一段课文，甲组在学习后不复习，一天后记忆率为36%，一周后只剩13%。乙组按艾宾浩斯记忆规律复习，一天后记忆率为98%，一周后为86%，乙组的记忆率明显高于甲组。

2. 遗忘曲线理论对教学的启示

（1）复习要及时。遗忘最严重的时段是在识记后的最初阶段，所以及时复习非常重要。及时复习可使即将消失的记忆痕迹重新强化，变得清晰，使学到的知识不断纳入知识系统之中。这样，在识记材料尚未大量遗忘之前，趁热打铁；否则时间长了，大量识记材料已经遗忘，那时再去恢复，就差不多等于重新开始。

（2）复习方式要多元化。单调的复习方法既让人容易感到乏味，又容易让人产生厌倦、疲劳；而多样化的复习则可使人感到新颖，促使各方面有机地联系起来，提高记忆的效果。要善于从不同的角度，用不同的分析方法来理解复述同一内容，要尽可能地动员多种感官的参与。例如同一字词的复习，可以采用默写、填空、分析字形、造句、写同义词和反义词等方式，在记忆某一内容时可边读、边看、边写。

此外，还可采用尝试回忆的方法来记忆，因为尝试回忆的目的、任务更明确、更具体，能使大脑皮层注意的兴奋性增强，留下的痕迹深，能及时发现、重视材料中的难点，集中力量解决。心理学家盖兹的实验表明：当20%的时间用于诵读，80%的时间用于回忆时，记忆效果最佳。

（3）合理安排和分配复习时间。一般情况下，采用分散复习，即将复习分成若干次，相互之间有一定的时间间隔，其效果将优于集中复习（在一段时间内集中、连续地重复复习已学的材料）。这是因为集中复习使大脑神经容易产生抑制的积累，而分散复习有较多的时间间隔，使这种抑制易于消除。

（4）复习内容系统化。复习要注意根据各部分内容、新旧知识之间的相互联系进行整理、归类，使之系统化。通过整理使所复习的内容结构紧凑、思路清晰、承上启下、前后衔接，这样更便于记忆，否则杂乱无章、相互干扰，其记忆效果将大大降低。

第九章

修炼技术力：教育家型
教师抢占未来制高点的技术支撑

科技不能取代教师，但是使用科技的教师却能够取代不使用科技的教师。

——雷·克里弗德（英）

一个人走向成功，除了主观上有强烈的愿望，客观上还要有较强的专业技术，二者缺一不可。比如，一个人要想成为卓越的电焊工人，就要具备一流的电焊技术；要想成为一流的汽车修理工，就要具备娴熟的汽车修理技术；要想成为酿酒师，就要学习先进的酿酒技术。同样，教师要想成为名师，成为教育家型教师，只有想法不行，必须要修炼、掌握教育教学技术。

教师需要掌握哪些教育教学技术呢？笔者把教师应掌握的教育教学技术分为传统教育教学技术和现代教育教学技术两类。

一、传统教育教学技术

教师的传统教育教学技术（或技能）包括书写技术、语言技术、备课技术、授课技术、命题技术、作业批改技术、指导学生技术、做学生思想工作的技术等，其中书写技术和语言技术是基本功，包括钢笔字、毛笔字、粉笔字、普通话，我们简称"三字一话"。教师如果连字都写不好，话都说不好，那是没有资格当教师的。有的人可能会问：我们已经进入信息化时代，电脑打字又快又好，还有必要练习"三字"吗？有必要！因为汉字书写是中华优秀传统文化，这一文化应该代代相传并发扬光大。特别是教师，承担着传承文明的重任，更要写好"三字"。普通话是我们国家的通用语言，是人们沟通交流的基本工具，尤其是跨区域交流，必须使用普通话，否则在多种方言的背景下，就会产生交流障碍。2017 年，中共中央、国务院印发了《关于全面深化新时代教师队伍建设改革的意见》，这是中华人民共和国成立以来党中央出台的第一个专门面向教师队伍建设的里程碑式的政策文件。其中，强调提高教师培养层次，提升教师培养质量，以实践为导向优化教师教育课程体系，强化"钢笔字、毛笔字、粉笔字和普通话"等教学基本功和教学技能训练。可见，教师强化钢笔字、毛笔字、粉笔字和普通话训练，已引起国家层面的重视。教师要进一步提高对"三字一话"重要性的认识，刻苦练习"三字一话"，这是成为骨干、走向优秀、追求卓越的基本技能。

笔者以为，当下年轻教师普通话基本能过关，但写字却是一个大问题。教师能写一手漂亮的字，往往会使学生欣赏、羡慕甚至模仿；而字写得不好，常常会招来诸多吐槽，受到诸多诟病。

二、现代教育教学技术

现代教育教学技术是指以现代信息技术为主要支撑手段的教育技术。现代信息技术包括计算机技术、数字技术、电子通信技术、网络技术、卫星广播技术、远程通信技术、人工智能技术、虚拟现实仿真技术及多媒体技术和信息高速公路等。特别是计算机技术、数字技术、网络技术、人工智能技术等正全方位影响和改变着人们的工作与生活，"互联网+""AI（人工智能）+"已成为各领域各行业改革发展新的引擎。而且，网络技术、人工智能技术正快速发展，不断迭代，譬如生成式人工智能"ChatGTP""Sora"等先进技术不断问世，正深刻影响着人类社会的发展。2023年8月，《生成式人工智能服务管理暂行办法》颁布实施，在某种程度上大大促进了中国生成式人工智能的迅速发展，教育走向生成式人工智能的大门也已经被打开。适应这一迅猛的时代变革与发展潮流，承担传承文明、培育人才重任的教育工作者必须张开双臂迎接、拥抱信息化、数字化、网络化、人工智能化时代，提升信息技术、数字技术等诸多方面的素养与能力也成为每一位教师不可或缺、不可逾越的必然选择。

华师大博士、上海市特级教师、上海电教馆原馆长张治曾说："技术可以给出色的教师更多精彩，也可以让平庸的教师倍感困扰。教师要确立与时俱进的价值观，勇于尝试新技术，不断学习新技术。人工智能对教师的终身学习能力提出了更高的要求，也为教师改进工作提供了更多机遇。时代的进步无人能挡，作为教师，只有努力学习，跟上时代步伐，才能立于不败之地。"

教师要着力提升三方面的基本现代信息技术素养与能力：

（一）现代信息技术基本素养

它包括能使用计算机、投影仪、扫描仪、数码相机、手机等各种常见的信息技术资源，能使用文字处理软件、电子表格软件、演示文稿软件等常用的应用软件，能进行上网、检索、浏览、保存、下载信息等基本的网络应用操作，能熟练发送、接收、管理电子邮件，能制作和发布简单的网页，能进行信息存储与压缩、加工、链接、共享等基本操作。

另外，教师要了解中小学生应具备的基本信息素养。中小学生信息素养是传统文化素养的延伸和拓展，主要由信息意识与信息伦理道德、信息知识以及信息能力组成。信息能力是信息素养的核心，它包括信息的获取、信息的分析、信息的加工。提高了人的信息素养就培养了人的独立自主学习的态度和方法，使人具有批判精神以及强烈的社会责任感和参与意识，具有追求新信息、运用新信息的意识和能力，善于运用科学的方法从瞬息万变的事物中捕捉信息，从易被人忽视的现象中引申、创造新信息的能力。具体来说主要包括四个方面：

（1）信息意识。即人的信息敏感程度，是人们对自然界和社会的各种现象、行为、理论观点等，从信息角度的理解、感受和评价。通俗地讲，面对不懂的东西，能积极主动地去寻找答案，并知道到哪里、用什么方法去寻求答案，这就是信息意识。信息时代处处蕴藏着各种信息，能否很好地利用现有信息资料，是人们信息意识强不强的重要体现。使用信息技术解决工作和生活问题的意识，这是现代信息技术教育中最重要的一点。

（2）信息知识。信息知识既是信息科学技术的理论基础，又是学习信息技术的基本要求。只有掌握信息技术的知识，才能更好地理解与应用它。它不仅体现着自身所具有的信息知识的丰富程度，而且制约着人们对信息知识的进一步掌握。

（3）信息能力。包括信息系统的基本操作能力，信息的采集、传输、加工处理和应用的能力，以及对信息系统与信息进行评价的能力等。这也是信息时代重要的生存能力。信息能力是信息素质诸要素中的核心。

（4）信息道德。培养学生具有正确的信息伦理道德修养，要让学生学会对媒体信息进行判断和选择，自觉地选择对学习、生活有用的内容，自觉抵制不健康的内容，不组织和参与非法活动，不利用计算机网络从事危害他人信息系统和网络安全、侵犯他人合法权益的活动。这也是中小学生信息素质的一个重要体现。

以上信息素养的四个要素共同构成一个不可分割的统一整体。信息意识是先导，信息知识是基础，信息能力是核心，信息道德是保证。中小学生作为祖国的未来，提高他们的信息素养，也是教育的最基本的需要。

中小学生信息技术素养的培养作为全面素质教育的一部分，其目标是加强学生的现代信息化意识，培养学生能够利用信息技术正确地获取、掌握、分析各类信息，完成课程学习任务的能力。培养学生自主探究、发现问题、解决问题的创新学习意识，使信息技术真正成为学生认知、探究和解决问题的现代化工具，改变学生的学习方式，提高学习效率。

（二）现代信息技术辅助教学的能力

教师要能充分认识现代信息技术的领航与支撑作用，改进教学行为，拓宽教学时空。能利用信息技术设计教学活动，能进行信息技术与学科教学的有机整合，能创设现代信息技术教学新环境等，进而促进教育教学效果的大幅提升。现代信息技术在教学中的用途和作用主要体现在以下几个方面：

（1）运用现代信息技术激发学生学习兴趣。信息化、数字化教学资源包括图像、文字等静态教学资源和声音、视频、动画等动态教学资源，具有声、光、形、色俱备的特点，可对学生的视觉、听觉产生强烈冲击，从而大大激发学生的学习兴趣，点燃学生的学习热情。仅从这一点上看，在课堂教学中运用这一手段是非常有必要的。

（2）运用现代信息技术拓展教学时空。传统的课堂时间是45（或40）分钟，空间就是学校的教室，学生的学习就局限在40分钟左右的时间，局限在教室里。运用信息化手段后，学生可在课前通过视频自己预习，在课堂上看到远在千里之外的画面，听到远在千里之外的声音，在课后自己上网学习，通过QQ、微信等与同学和教师讨论，使学习的时空无限拓展。慕课（MOOC）是一种不受时空限制的网络学习活动，实际上就是一种教学时空的重构。

（3）运用现代信息技术突破重点难点。重难点的突破永远是教师课堂教学不可回避的问题，也是一堂课成败的关键。运用信息化、数字化手段可以将抽象的内容具象化、模糊的知识清晰化，可触发学生的思维，加深学生的理解，帮助学生掌握重难点知识。如有的地市在全市初中引进E3D三维虚拟教学资源，助力初中物理、化学、生物、地理四科实验教学和重难点知识教学。这一数字教学资源运用计算机图形技术，将不便观察、不便操作、不易理解、有危险性的实验进行了三维模拟，创建了让学生探究学习的互动环境，提供了教师课堂演示实验的分步三维动画，不仅形象直观、生动逼真，而且能实现大与小、远与近、虚与实之间的转换，极大地提高了实验教学的直观性、趣味性和形象性，较好地解决了复杂的、疑难的实验教学问题。

（4）运用现代信息技术重建教学结构。信息技术的运用可打破传统课程相对固化的流程，实现流程结构的进一步优化，实现学生学习流程的进一步优化，从而提高教育教学效果。如翻转课堂，就是重新调整课堂内外的时间，将学习的决定权从教师转移给学生。在这种教学模式下，学生在课前通过观看视频讲座、听播客、阅读电子书等方式自主学习新知识，而课堂时间则主要用于答疑解惑、合作探究和知识内化。

（5）运用现代信息技术创设教学情境。譬如运用信息技术播放音频、视频、动画，进行场外连线、在线直播等，营造全新的学习情境，增强学习活动的生动性、趣味性、直观性，帮助学生更好地理解知识、提升能力、生成素养，达到更好的课堂教学效果。

（6）运用现代信息技术进行教学评价。譬如利用 AI 录课分析系统将教师的课堂教学全程录制，并自动对教学过程中呈现的教学类型（混合型、讲授型、对话性、练习型等）、学生专注度、学生抬头率、教师手势（情绪性手势、评价性手势、指示性手势等）、教师表情（积极表情、平静表情、其他表情等）、教师站位（讲台区域、学生区域）、师生目光接触、学生行为、学生表情、课堂活跃度等进行量化评价，并由 AI 最终综合赋分评价。这对教师反思教学的成功与不足，进而不断改进课堂帮助非常大。

（7）运用现代信息技术进行个性化教学。譬如智学网 App 应用人工智能、知识图谱及大数据自动分析技术，为学生提供个性化的学习智能导航，帮助学生高效学习、个性发展。

（三）运用现代信息技术终身学习的能力

终身学习，指的是人一生都要学习。从幼年、少年、青年、中年直至老年，学习将伴随人的整个生活历程并影响人一生的发展。终身学习能使我们不断学习新知识、掌握新技能，更新知识与能力结构，能满足我们生存和发展的需要，能使我们得到更大的发展空间，更好地实现自身价值、丰富精神生活、提高生活品质。现代信息技术为我们终身学习提供了无限可能。教师要能熟练运用电脑、手机等移动终端，乃至运用人工智能技术随时随地阅读学习，实现线上学习与线下学习的有机结合。当然，网络阅读资源极其丰富，可谓浩如烟海；但很多文章、资料具有片面性，有的甚至传播负能量；很多观点过于偏激，有的甚至背离了正确的价值取向。因此教师阅读学习时一定要有选择性。

三、教师应了解和掌握的基本现代信息技术

（一）PPT 技术

PPT 是 PowerPoint 的简称，完整表达是 Microsoft Office PowerPoint，是微软公司的演示文稿软件。用户可以在投影仪或者计算机上进行演示，也可以将演示文稿打印出来制作成胶片，以便应用到更广泛的领域中。利用 Microsoft Office PowerPoint 不仅可以创建演示文稿，还可以在互联网上召开面对面会议、远程会议或在网上给观众演示文稿。PPT 做出来的东西叫演示文稿，其格式后缀名为 ppt、pptx，或者也可以保存为 PDF、图片格式等。2010 及以上版本中可保存为视频格式。演示文稿中的每一页就叫幻灯片，每张幻灯片都是演示文稿中既相互独立又相互联系的内容。

一套完整的 PPT 文件一般包含片头、动画、封面、前言、目录、过渡页、图表页、图片页、文字页、封底、片尾动画等，所采用的素材有文字、图片、图表、动画、声音、影片等。目前，PPT 应用水平逐步提高，应用领域越来越广，正成为人们工作生活的重要组成部分，在工作汇报、企业宣传、产品推介、婚礼庆典、项目竞标、管理咨询、教育培训等领域占有举足轻重的地位。

教师要熟练掌握 PPT 制作技术，坚持运用 PPT 辅助教学，这对课堂教学将起到事半功倍的效果。在制作时要注意以下几点：

（1）素材多元，文字、图片、图表、动画、声音、视频等能用则用。

（2）关注细节，特别是文字大小合适，字号不要太小，要让所有学生特别是最后一排的学生都能看到。

（3）制作精美，图片像素要高，视频录制效果要好。

（4）播放要流畅，不要在课堂上经常卡顿，影响课堂进度。

（二）微课技术

微课是指以视频为主要载体，记录教师在课堂内外教育教学过程中围绕某个知识点（重点、难点、疑点）或教学环节而开展的精彩教与学活动的全过程。

1. 微课的组成

微课的核心组成内容是课堂教学视频（课例片段），同时还包含与该教学主题相关的教学设计、素材课件、教学反思、练习测试及学生反馈、教师点评等辅助性教学资源。它们以一定的组织关系和呈现方式共同"营造"了一个半结构化、主题式的资源单元应用"小环境"。因此，微课既有别于传统单一资源类型的教学课例、教学课件、教学设计、教学反思等教学资源，又是在其基础上继承和发展起来的一种新型教学资源。

2. 微课的主要特点

（1）教学时间较短。教学视频是微课的核心组成内容。根据中小学生的认知特点和学习规律，微课的时长一般为 5~8 分钟，最长不宜超过 10 分钟。因此，相对于传统的 40 分钟或 45 分钟一节课的教学课例来说，微课可以称为"课例片段"或"微课例"。

（2）教学内容较少。相对于较宽泛的传统课堂，微课的问题聚集，主题突出，更适合教师的需要。微课主要是为了突出课堂教学中某个学科知识点（如教学中重点、难点、疑点内容）的教学，或是反映课堂中某个教学环节、教学主题的教与学活动，相对于传统一节课要完成的复杂繁多的教学内容，微课的内容更加精简，因此又可以称为"微课堂"。

（3）资源容量较小。从大小上来说，微课视频及配套辅助资源的总容量一般在几十兆左右，视频格式须是支持网络在线播放的流媒体格式（如 rm、wmv、flv 等），师生可流畅地在线观摩课例，查看教案、课件等辅助资源；也可灵活方便地将其下载保存到终端设备（如笔记本电脑、手机、MP4 等）上实现移动学习、"泛在学习"，非常适合教师的观摩、评课、反思和研究。

（4）资源组成（结构、构成）"情景化"。微课选取的教学内容一般要求主题突出、指向明确、相对完整。它以教学视频片段为主线统整教学设计（包括教案或学案）、课堂教学时使用到的多媒体素材和课件、教师课后的教学反思、学生的反馈意见及学科专家的文字点评等相关教学资源，构成了一个主题鲜明、类型多样、结构紧凑的"主题单元资源包"，并营造了一个真实的"微教学资源环境"。这使得微课资源具有视频教学案例的特征。教师和学生在这种真实的、具体的、典型案例化的教与学情景中，可易于实现隐性知识、默会知识等高阶思维能力的学习并实现教学观念、技能、风格的模仿、迁移和提升，从而迅速提升教师的课堂教学水平，促进教师的专业成长，提高学生学业水平。就学校教育而言，微课不仅成为教师和学生的重要教育资源，而且也构成了学校教育教学模式改革的基础。

（5）主题突出、内容具体。一节课程围绕一个主题，或者说一节课程一件事；研究的问题来源于教育教学具体实践中的具体问题，或是生活思考，或是教学反思，或是难点突破，或是重点强调，或是学习策略、教学方法、教育教学观点等具体的、真实的、自己或与同伴可以解决的问题。

（6）草根研究、趣味创作。正因为课程内容的微小，所以人人都可以成

做一名教育家型教师

为课程的研发者；正因为课程的使用对象是教师和学生，课程研发的目的是将教学内容、教学目标、教学手段紧密地联系起来，是"为了教学、在教学中、通过教学"，而不是去验证理论、推演理论，所以，决定了研发内容一定是教师自己熟悉的、感兴趣的、有能力解决的问题。

（7）成果简化、多样传播。因为内容具体、主题突出，所以，研究内容容易表达、研究成果容易转化；因为课程容量微小、用时短，所以，传播形式多样（网上视频、手机传播、微博讨论）。

（8）反馈及时、针对性强。由于在较短的时间内集中开展"无生上课"活动，参加者能及时听到他人对自己教学行为的评价，获得反馈信息，所以相比常态的听课、评课活动，具有即时性。由于是课前的组内"预演"，人人参与，互相学习，互相帮助，共同提高，在一定程度上减轻了教师的心理压力，教师不会担心教学的失败，不会顾虑评价得罪人，所以相比常态的评课就会更加客观。

3. 微课的十大特征

微课只讲授一两个知识点，没有复杂的课程体系，也没有众多的教学目标与教学对象，看似没有系统性和全面性，许多人称之为"碎片化"。微课是针对特定的目标人群，传递特定的知识内容，一个微课自身仍然需要系统性，一组微课所表达的知识仍然需要全面性。微课的主要特征有：

（1）主持人讲授性。主持人可以出镜，也可以话外音。

（2）流媒体播放性。可以视频、动画等基于网络流媒体播放。

（3）教学时间较短。以 5～10 分钟为宜，最短 1～2 分钟，最长不宜超过 20 分钟。

（4）教学内容较少。突出某个学科知识点或技能点。

（5）资源容量较小。适于基于移动设备的移动学习。

（6）精致教学设计。完全的、精心的信息化教学设计。

（7）经典示范案例。真实的、具体的、典型案例化的教与学情景。

（8）自主学习为主。供学生自主学习的课程，是一对一的学习。

（9）制作简便实用。通过多种途径和设备制作，以实用为宗旨。

（10）配套相关材料。微课需要配套相关的练习、资源及评价方法。

（三）VR（虚拟现实）技术

VR 是 Virtual Reality 的简称，20 世界 60 年代被首次提出，中文通常表达为"虚拟现实"，是指借助计算机系统以及传感器技术生成一个三维环境，创作出一种崭新的人机交互状态，通过调动用户的所有感官（视觉、听觉、触觉、嗅觉等），带来更加真实的、身临其境的体验。

VR 技术可帮助学校、教师、学生解决现有教学中缺乏有效的教学工具及方法处理好抽象的（数理化概念）、难再现的（复杂实验、宏观微观）、危险的（危险实验、危险动植物）、无法重现的（天体运动、宇宙等）、高成本（昂贵的耗材）的传统教学的难点及痛点。

目前，Digi-Capital 的报表数据表明，2017 年，90% 的欧美国家在超过80% 的 K12 级别学校中，已经应用 VR 技术及其关联技术于日常教育教学当中。综合数据分析，应用 VR 技术及其关联技术的教学效果在各类教育指标中，比传统教学工具提升 73%。

VR 作为一项开拓性技术，未来的市场被广泛看好。全球 VR 潜在用户规模巨大。VR 正在改变游戏、故事叙述、医疗、教育、设计和更多的领域，而教育是 VR 最具前景的行业之一。

美国是利用 VR 技术最好的国家之一。2013 年 4 月，美国发布了《下一代科学标准》，这是美国在 21 世纪颁布的首个全国性的科学课程标准，对美国乃至全球未来的科学教育产生了深远影响。VictoryVR 公司迅速跟进，根据《下一代科学标准》设计 VR 课程，目前已开发完成 24 个初中单元和 24 个高中单元，每个课程单元都包含原创、引人入胜且信息丰富的 VR 内容。每个单元有 5 个 VR 体验，初高中加起来共 240 个。每个单元都包含以下要素：1～2 个虚拟实地考察、1 个交互式游戏 / 学习活动、2 个教学故事（VR 漫画书、剧场体验或 VR 旅程）、1 个教师演示 / 实验、3 个评测（用云技术进行记录和保存）。

2018 年，中国教育部在《教育信息化"十三五"规划》中明确提出，推动大数据、虚拟现实、人工智能等新技术在教育教学中的深入应用。全国各地也掀起了 VR 技术在教育教学中的应用高潮，特别是上海等地开展了很多实验，但总体上落后于发达国家。硬件方面，部分主流的 VR 设备目前还存在很多缺陷；软件方面，目前真正符合课标的 VR 资源数量还远远不能满足我们的需求。

（四）人工智能技术

人工智能是研究、开发用于模拟、延伸和扩展人的智能的理论、方法、技术及应用系统的一门新的技术科学。当前，人工智能已经进入生成式阶段，并不断快速发展、迭代。

人工智能是计算机科学的一个分支，它企图了解智能的实质，并生产出一种新的能以人类智能相似的方式做出反应的智能机器，该领域的研究包括机器人、语言识别、图像识别、自然语言处理和专家系统等。人工智能从诞生以来，理论和技术日益成熟，应用领域也不断扩大，可以设想，未来人工智能带来的科技产品，将会是人类智慧的"容器"。人工智能可以对人的意识、思维的信息过程进行模拟。人工智能不是人的智能，但能像人那样思考、也可能超过人的智能。

人工智能是一门极富挑战性的学科，从事这项工作的人必须懂得计算机知识、心理学和哲学。人工智能是一门涉及范围十分广泛的学科，它由不同的领域组成，如机器学习、计算机视觉等。总的说来，人工智能研究的一个主要目标是使机器能够胜任一些通常需要人类智能才能完成的复杂工作。但不同的时代、不同的人对这种"复杂工作"的理解是不同的。

人工智能已对人类发起挑战。1997年，IBM的超级电脑"深蓝"击败国际象棋世界冠军卡斯帕罗夫；2016年，AlphaGO击败世界围棋冠军李世石一举成名；2017年，AlphaGo Zero从零开始，自己参悟，并以100∶0的绝对优势"狂虐"AlphaGO，突破了人类经验的限制。2017年高考期间，机器人艾达挑战高考数学，10分钟就答完，获得134分，引发了人们对教育的忧虑与反思。

当前，图像识别、语音识别、人机交互等人工智能应用技术在教育领域都有了应用。比如，通过图像识别技术，人工智能可以将教师从繁重的批改作业和阅卷工作中解放出来；语音识别和语义分析技术，可以辅助教师进行英语口试测评，也可以纠正、改进学生的英语发音；而人机交互技术，可以协助教师为学生在线答疑解惑。除此之外，个性化学习、智能学习反馈、机器人远程支教等人工智能的教育应用也被看好。

"人工智能加教育大数据，可以使教学效率平均提升30%，备课重复性工作显著减少，学生无效学习时间减少40%，用于知识点学习时间显著减少。"科大讯飞人工智能研究院北京分院副院长付瑞吉博士介绍说，"人工智能在考试阅卷上也有不俗的表现。引入智能阅卷技术，可对空白卷、疑似雷同等问题卷进行检测，节省20%的工作量。2017年上半年，智能阅卷技术在CET及全国25个地区的中考、高考、学考中使用，覆盖近700万名考生。"

"人工智能将教学变为大数据分析以及人工智能辅助的以学生为中心的个性化学习，为每个学生提供个性化、定制化的学习内容、方法，从而激发学生深层次的学习欲望。而且，在教育资源的均衡化方面，人工智能也可以发挥很大的作用，可以有效解决以前远程教学中师生不能进行有效互动和教师不了解学情的问题。"科大讯飞轮值总裁吴晓如说。

"我们不要神话人工智能，人工智能并不是无所不能。人工智能不能代替教师，但可以帮助教师做很多事情。"吴晓如说，人工智能技术在感知智能方面已经取得了很大突破并进入了应用阶段，但在认知智能方面还需要技术攻关。

四、现代信息技术与学科教学的整合

信息技术应用于教学，重点和难点是信息技术与学科教学的整合，或叫融合。当前信息技术与学科教学整合已成为基础教育教学改革的一个热点。只有准确把握信息技术与学科教学整合的概念、原则和方法，才能通过现代信息技术在学科教学中的应用实现教学方式与学习方式的根本变革，从而提高教育教学效果。

（一）现代信息技术与学科教学整合的基本概念

信息技术与学科教学整合是指将信息技术、信息资源与学科教学有机结合，通过在各学科教学中有效地应用信息技术，促进教学内容呈现方式、学生学习方式、教师教学方式和师生互动方式的变革，为学生创造生动的信息化学习环境，使信息技术成为学生认知、探究和解决问题的工具，培养学生的信息素养及利用信息技术自主探究、解决问题的能力，提高学生学习的效果。

（二）现代信息技术与学科教学整合的基本原则

在教学实践中，中小学信息技术与学科教学整合要遵循以下基本原则：

（1）以先进教学理论为指导。信息技术与学科教学整合是为了培养学生具有良好的信息素养，并具有创新精神和实践能力。因此，信息技术与课程整合的过程不仅仅是现代信息技术手段的运用过程，它必将是伴随教育、教学领域的一场深刻革命。信息技术与学科教学整合要以建构主义学习理论为指导，建构主义理论可以为信息技术环境下的教学提供强有力的支持。

（2）构建新型教学结构。当前教改的主要目标是创建新型教学结构，即以学生为主体、教师为主导的"以学为主"的教学结构，信息技术与学科教学整合要充分发挥学生在学习过程中的主动性、积极性和创造性。学生既是知识的建构者，又是信息技术的使用者；而教师作为学习的组织者、指导者和帮助者，其主要任务是为学生建构恰当的学习情境，并提供必要的帮助信息。

（3）建设高质量教学资源。建设高质量的教学资源是实现课程整合的必要前提。建设教学资源可结合教师开发和学生创作，充分利用全球性、可共享的信息资源作为素材，整合到学科教学中。可以通过网络搜集、整理和充分利用已有的资源，教师也可以自行开发适用的教学资源。

（4）建构新型教学模式。在基于课程整合的教学模式中，信息技术要服务于具体的学科学习任务。教师应结合各自学科特点去建构既能实现信息技术与课程整合，又能较好体现新型教学理念的教学模式。

（三）现代信息技术在学科教学中的基本应用方式

从现代信息技术在教育教学实践中的作用来看，信息技术在学科教学中的应用方式主要有以下几种：

（1）信息技术作为演示工具。这是信息技术用于学科教学的最初表现形式，是信息技术与课程整合的最低层次。教师可以使用现成的计算机辅助教学软件或多媒体素材库，也可以利用一些多媒体制作工具，综合利用各种教学素材，还可以利用模拟软件来演示某些实验现象。这样通过合理的设计与选择，计算机代替了幻灯、投影、粉笔、黑板等传统媒体，实现了传统媒体无法实现的教育功能。

（2）信息技术作为交流工具。信息技术作为交流工具，是指将信息技术以辅助教学交流的方式引入教学，主要实现师生之间情感与信息交流的作用。教师可根据教学需要和学生兴趣开设一些专题或聊天室，并赋予学生自由开辟专题和聊天室的权利，使他们在课后有机会进行充分交流。另外，教师和学生可以通过这些通信工具与外界交流，获取知识。

（3）运用练习型软件和计算机辅助测验软件，让学生在练习和测验中巩固、熟练知识，决定下一步学习的方向，实现个别辅导式教学。此外，教学还能在一定程度上注意学生的个别差异，提高学生学习的积极性。

（4）信息技术提供资源环境。校园网、互联网的建成使学生的学习资源由单调的文字教材变为信息密集、形式多样、海量开放的资源库。在这种丰富的资源环境下学习，能够极大扩充教学知识量，使学生不再局限于学习课本上的内容，而是能开阔思路，接触到丰富的信息。

（5）信息技术作为测评工具。信息技术在一定程度上可以成为学生的个别辅导工具，指导个别化学习。它的测评系统能及时向学生提供学习效果的反馈信息，使学生明确学习中的长处与不足，便于有针对性地调整学习。

（6）信息技术作为信息加工工具。信息技术作为信息加工工具主要培养学生分析信息、加工信息的能力，强调学生在对大量信息进行快速提取的过程中，对信息进行重整、加工和再应用。

（7）信息技术作为协作工具。计算机网络技术为信息技术与课程整合、实现协作学习提供了良好的技术基础和支持环境。网络环境大大扩充了协作范围，减少了协作的非必要性精力支出。在学习过程中，学生通过分工协作获得共同进步，不仅学到知识与技能，而且在过程与方法上获得收益，在情感、态度与价值观方面得到体验。

（8）信息技术作为探究工具。现代信息技术正在为探究学习这种高层次认知活动提供越来越有力的支持。根据教学需要创设一定的情境，并让学生在这些情境中进行探究、发现，有利于加强学生对学习内容的理解和学习能力的提高。

（四）现代信息技术与学科教学整合的基本模式

根据具体的教学目标和教学内容，信息技术与学科教学整合可灵活采用各种教学模式：

（1）探讨式（协作学习式）。其授课程序是：提出问题—分组研究—确定选题—自主学习—发布学习成果—信息反馈。这种教学更加突出了学生的主体地位，并逐步建立起包括研究性学习、自主性学习等多样化的学习模式。

（2）讲解演示。讲解演示模式模仿了教师课堂讲授与演示的教学方法。利用多媒体计算机所具备的图像、动画、语言和音乐的功能，发挥计算机所特有的交互性，将教材内容呈现给学生。该模式也可供学生作为个别教学的形式利用，通过选择学习时间的长短起到因材施教的作用。

（3）操作与练习。操作与练习是当前用得最多的信息技术与学科教学整合的基本教学模式。它通过反复地练习使学生巩固和熟练某些知识和技能，提高学生完成学习任务的速度和准确性。该模式的特点是计算机的即时反馈功能得到了恰当的应用。

（4）个别指导。个别指导模式主要模拟教师对学生的教学情景，即利用计算机扮演讲课教师角色。它基本采用分支型程序教学方法，将教学内容分成一系列教学单元，每次呈现的只是一个概念或知识点。

（5）对话交流。"对话"是指计算机与学生之间的对话。计算机可以向学生提问，允许学生用自然语言回答；学生也可以向计算机提问。这种模式实现了计算机与学生间的"真正"对话交流。

（6）教学游戏。教学游戏常常被用于产生一种较强烈的竞争性的学习环境，而其内容和环境都与教学目标相联系。它把知识性、趣味性和教育性融为一体，从而激发学生的兴趣，起到"寓教于玩"的作用。

（7）模拟。模拟亦称仿真，是指用计算机模仿真实现象或实现理论上的"理想模型"。这种模式形象直观，生动活泼，非常有利于培养学生解决问题的能力。

（8）计算机辅助测验。计算机用于教学后，许多学校用计算机进行教学评价、测验。由计算机显示题目，考生在终端操作答题，计算机立即核对答案和评分。这种测验能为考生及时提供反馈信息，还可以及时帮助学生澄清错误概念，特别适合于单元测验和帮助学生进行学习。

（9）问题解答。问题解答试图给学生呈现一个或几个问题情景，让学生加以解决。该情景常以其神秘性、迷惑性给学生以挑战，从而激发学生的学习动机。

（10）发现式学习。发现式学习是属于认知建构主义理论中的一种学习方法。通过计算机使学生置于构造好的环境中，并提供探索、分析、推导、计算的工具，使学生在探索过程中发现并掌握新概念和原理。

（11）远程辅导与在线讨论。远程辅导与在线讨论的模式主要是指处于异地的学生及教师利用网络通信技术所进行的一种学习方式。通过网络，可以共同上课，共同讨论问题，可以做一些以往教学手段难以完成的事情。

第十章

修炼领导力：教育家型 教师应具备必需的管理治理能力

　　不当班主任或育人导师，便很难成为一名完美的教师。

——题记

一说领导力，好像只与领导者有关系，其实不然。当教师，尤其是当班主任或者育人导师，必须具备一定的领导力并具备相应的管理能力，这是做一名教育家型教师必需的能力。笔者认为，不当班主任或育人导师，就很难甚至不能成为一名完美的教师。所以，每名教师都应立志当班主任或育人导师。而要当班主任或育人导师，就更加需要修炼提升领导力。

一、领导力的基本认知

领导力有很多专业上的定义、概念。通俗地讲，领导力就是一种领导能力，是一种人际影响能力，包括决策能力、沟通能力、协调能力、分析能力、判断能力、激励能力、指挥能力等。美国前国务卿基辛格博士曾经说："领导就是要让他的人们，从他们现在的地方，带领他们去还没有去过的地方。"

二、学科教师应具备的领导力

对一般学科教师来说，领导力主要包括管理学生、协调同事、与家长沟通等方面的能力。

（一）管理学生的能力

每一名学科教师，不管你任教哪个学科，语文也好，数学也好，英语也好，还是音乐、体育、美术等，都要和一个班、两个班甚至多个班的学生打交道，这就需要具备一定的管理学生的能力。只有具备这种能力，才能实现学科教学的有序、和谐、高效开展。有很多教师，特别是年轻教师，本人学历很高，学科素养很高，但就是管不住学生，导致师生矛盾重重，大大影响了教学效果。所以，这类教师亟须修炼提升管理学生的能力，特别是要把握好严与爱的关系，对学生既要严格管理，原则问题不妥协，又要尊重学生、关爱学生，建立平等、民主的师生关系，走进学生的内心，让学生感到内心很温暖。如此，班级和学生管理问题就迎刃而解了。

（二）协调同事的能力

这也是一种必备的能力。因为每名教师都生活在一个团队之中。就学科来说，每名教师都处在一个学科组织内，譬如一个学校语文组有 20 人，数学组有 23 人，历史组有 9 人，体育组有 8 人等。每个人处在相应的学科组织中，就会不可避免地与组织中的其他人发生关系，譬如集体学习、集体备课、听评课等。这就需要教师具备一定的协调能力，促使组内形成互尊互爱、互帮互助、互谅互让的兄弟姊妹关系。这样，每个人的工作就会做得更好，整个学科组也会更加强大、和谐。

（三）与家长沟通的能力

与家长沟通是每名教师都不可避免的事情。但是与家长的沟通，教师千万不要高高在上，动辄批评训斥，应与家长建立平等融洽的家校关系，这样才能更有利于学生的成长，有利于学科教学任务的完成和学科教学质量的提高。

三、班主任（育人导师）应具备的领导力

班主任或（育人导师）是一个班级（教学）团队的领导者。一个班级的班风是否正气、学风是否浓厚、成绩是否卓越，在某种程度上就取决于班主任（育人导师）的引导。所以，班主任（育人导师）的领导力显得尤为重要。笔者倡导班主任（育人导师）应具备九个方面的领导力：

（一）有强烈责任担当，能深刻认知自我价值使命

班主任首先要明白自己是干什么的，职责是什么。一般意义上讲，班主任是学生的平安守护者、健康呵护者、灵魂塑造者、能力培养者、人生引导者，是班集体的建设者、组织者、指导者，是一位优秀的任课教师，是联系学校、任课教师、家长、社会的桥梁和纽带。一个好班主任造就一个好班级，一群好班主任缔造一所好学校。班主任的水平高，学生的激情动力就高，全面发展就好，班集体中学生的教学成绩就高。从某种程度上说，学生可因班主任而成就幸福的人生，也可因班主任而毁掉自己的一生。因此班主任的作用巨大，责任巨大，使命重大。班主任要深刻理解自己的职责使命，强化责任担当，认真履职尽责，创建优秀班级，培育优秀学生，助力建设优质学校。

（二）有仁爱博爱情怀，能深得学生喜欢家长拥戴

爱是胜任班主任工作的前提。班主任要秉持"关爱每一个，不放弃最后一个"的育人理念，认真落实"爱的管理"的班级管理基本原则，用仁爱博爱情怀，赢得学生喜欢、家长拥戴。

一是仁者爱人，因生施爱。班主任要爱每一个学生，不管这个学生的家庭情况、个性特点、学习基础等；要包容学生的不足，允许学生犯错，从学生的错误中寻找教育的机会，用爱与智慧指引学生成长。

二是严中有爱，严爱相济。要求学生严格遵守学生守则、校规校纪，对违纪者严格管理，适度行使惩戒权。要让学生明白，在规则允许范围内的自由才是最大的自由。

三是尊重家长，家校合育。将学生视作自己的孩子，把家长当作自己的朋友。当学生遇到问题要善于跟家长沟通，与他们一起商量对策，以此形成育人合力。

（三）有敬业奉献精神，能履职尽责、攻坚克难

一个优秀的班主任，敬业奉献、实干肯干是最基本的要求。班主任要落实好班级管理常规，使班级运转和谐有序；要敢于攻坚克难，善于解决制约学生发展和班级建设的重大问题；要爱心陪伴，经常与学生一起学习、一起运动、一起用餐等，与学生结成学习、成长共同体。

（四）有高超治班艺术，能引领建设一流班风学风

一个班级好不好，最终取决于班主任的班级管理能力。班主任要加强学习，深入研究，多向全国名优班主任学习，不断提高班级管理水平。

一是积极推进学生自治。自主管理是班级管理的最高境界。班主任要敢于放手、大胆放手，班干部竞选、班规制定、卫生管理、宿舍管理、评先树优等班级事务要坚持以学生为主，班主任做好指导即可。在这方面，要向魏书生等教育名家、名师、名班主任学习。

二是积极推进多元共治。多方参与、多元共治，构建班级治理共同体。要构建以学生为中心、班主任为主导、班委（组长、课代表、舍长等）为贯彻主体、任课教师和家长参与的，基于校情、班情的民主管理架构。

（五）有出色教学能力，能以优异教学成绩折服学生与家长

出色的教学能力和优异的教学成绩是一名教师安身立命之本。班主任也同样。班主任首先要有本学科的出色教学能力，确保所任教学科成绩突出；其次要协调班级作业组教师，团队作战，共创佳绩，全面提高班级教学质量，以优异的个人教学成绩和出色的班级教学业绩折服学生、折服家长。作为班主任，光自己成绩好不是真的好，要协调各任课教师，团结协作，整体提升，避免个别教师抢时间、压学生的现象。

（六）有较强沟通交流能力，能及时化解矛盾、维护稳定

沟通交流是班主任的基本功。班主任要能顺畅地与学生、家长、任课教师、后勤人员进行沟通交流，确保各项工作顺利开展。特别是面对矛盾纠纷时，要有章有法，不急不躁，积极协调，稳妥化解，避免出现舆情。在当前自媒体高度发达、容易出现舆情发酵的背景下，班主任化解矛盾纠纷的能力与水平显得尤为重要。

（七）有专业心理疏导能力，能及时发现并疏解学生的心理问题

毋庸置疑，目前中小学出现心理问题的学生越来越多，特别是越来越多的学生自残自杀，令人悲痛，发人警醒。心理问题，在某种程度上可以说是学生其他问题的根源。因此，班主任要了解学生的各种心理问题，包括学业心理、怀春心理、人际心理、自我心理、人格心理、异常心理等，要系统学习掌握心理学知识，以便及时发现并疏解学生的心理问题。譬如，常见的学生学习动力不足、早恋、人际关系、自我否定、强迫症、网瘾、校园欺凌等问题，如果只是用严格的纪律要求去处理，不探究学生的心理内因，抓不到问题的实质，治标不治本，问题是无法得到彻底解决的，甚至会让问题变得更加不可收拾。

（八）有强大人格魅力，能以自己的人格魅力影响学生

教育就是一棵树摇动另一棵树，一朵云推动另一朵云。班主任对学生持久而根本的影响力，不是某一方面的技巧技能，而是人格魅力，包括个人修养涵养、性格品格、能力素养、世界观价值观等。班主任要不断修炼以增强自身人格魅力，让学生尊敬，成为学生生命中的贵人。要勤于读书学习，不断开阔视野，涵养品性，做到博学儒雅；要公平公正对待每一个学生，而不

是把学生分成三六九等，区别对待；要做好刻苦学习、全面发展、积极向上的人生价值引领，引导学生有激情、有追求，积极向上、不断进步。要克服懒散懈怠、拖拉推诿等问题，以自己的激情点燃学生的激情，以自己的动力活力激发学生的动力活力，使学生时时感受到惟其有拼搏，惟其有奋斗，惟其有昂扬向上，才是生命的本色，才能走向成功幸福，才能成为卓尔不凡的人。

（九）有强大执行能力，能全面落实学校决策部署与工作要求

千头万绪，止于一端，执行力就是竞争力。作为贯彻学校工作的主体力量，班主任对学校的决策部署和安排的任务，要坚决贯彻到底，保质保量、按时完成，不打折扣，不搞变通。

第十一章

修炼家校合育力：教育家型教师创造完美教育的战略选择

最完美的教育是学校和家庭的配合。

——苏霍姆林斯基

家庭教育是教育的重要组织部分。家庭教育缺失，教育就是残缺的，就是不完美的。苏霍姆林斯基有一句名言："最完美的教育是学校和家庭的配合。"重视家校合育，争取家长的密切配合与鼎力支持，实现家校携手、合力育人，将会使学校教育和教师教书育人工作达到事半功倍之成效。特别是班主任（育人导师），更要研究家庭教育，提高家校合育能力，这是一名优秀班主任（育人导师）必不可少的能力，也是一名教育家型教师必备的能力。

一、家校合育的目的意义

（一）家校合育能够提高家长家教认识与能力，让家长真正成为学校教育的协同力量

苏联著名教育家苏霍姆林斯基曾把儿童比作一块大理石，他说，把这块大理石塑造成一座雕像需要六位雕塑家：

（1）家庭；

（2）学校；

（3）儿童所在的集体；

（4）儿童本人；

（5）书籍；

（6）偶然出现的因素。

从排列顺序上看，家庭居首位，可以看出家庭在塑造儿童的过程中起到最大最重要的作用。

苏霍姆林斯基还曾把学校和家庭比作两个"教育者"，认为这两者"不仅要一致行动，要向儿童提出同样的要求，而且要志同道合，抱着一致的信念"。但遗憾的是，当前有不少家长还没真正认识到自己就是教育者，他们片

面地认为把孩子送到学校，学校就要负全部的教育责任，自己就没什么事了。这就迫切需要提高家长对家庭教育重要性的认识，让家长主动担负起应有的教育者的责任，这样才能形成合力，协同育人。在这方面，家校沟通就能发挥重要作用。通过家长会、家访、座谈等途径，教师可以讲解家庭教育方面的知识，向家长推荐家庭教育方面的文章，教给家长科学的、有效的家庭教育方法，真正让家长成为学校教育的协同、配合力量，而不要成为反面的、"拖后腿"的力量。

（二）家校合育能够使教师了解学生问题根源，更有针对性地进行因材施教、个性育人

家庭是孩子的第一所学校，父母是孩子的第一任教师。孩子从小到大，父母的一言一行、一举一动，都对其个性品格的形成起着潜移默化的关键的作用。有人说，父母是原件，孩子是复印件，是很有道理的。孩子不论向哪个方向发展，家庭都具有举足轻重的作用，家长的影子都十分明显。另外，每一个问题孩子的背后，往往都有一个问题家庭。学生在学校出现问题，根源往往在家庭。父母离异、单亲家庭、过度溺爱、家庭突发事件等往往成为学生成绩下滑、个性孤僻、打架斗殴、疯玩游戏等的直接原因。因此，深入了解学生的家庭背景，了解家长的个性特点、兴趣爱好、文化基础、工作情况、家庭最近情况等，对教师了解学生产生问题的根源，更有针对性地帮助学生解决问题、调适心理具有十分重要的意义。

（三）家校合育能够使家长了解学生在校表现，更有针对性地配合学校和教师的工作

不同学生的性格特征、兴趣爱好、学习基础、学习习惯等都不同，在学校各个方面的表现也不同，差异是客观存在的。学生在学校的真实情况是什

么，譬如学习成绩、学习态度、学习习惯、上课表现、与同学的交往等，家长必须了解。这样才能在家对孩子进行有针对性的辅助教育，并保持与教师的高度一致，最终形成家校育人合力。有些家长对孩子在学校的表现一无所知，有的学生报喜不报忧，甚至"谎报军情"、虚报成绩，家长却信以为真，这种情况导致与学校教育产生错位，不同步，不和谐，这是需要坚决避免的。

二、家校合育的方法途径

在网络信息化时代，家校合育的方式更加丰富多元，电子邮件、QQ、微信、班级博客、班级群等沟通平台方便快捷，教师和家长的沟通可以随时随地进行。但是，还有三种传统但非常重要的沟通方式，教师要引起高度重视，并充分用好。

（一）家长会

家长会应该是当下学校与家长沟通交流的主要方式。家长会有全校规模的，有年级规模的，有班级（行政班）规模的。在此主要探讨班级规模的。特别是班主任，要研究好家长会，将其开好，开出成效。开好用好家长会要注意以下几点：

1. 时间选择

一般应在以下时间点召开家长会：

（1）新生入学之初。不管是小学一年级、初中一年级，还是高中一年级，学生一入学就应召开家长会，家长与孩子同步入学。这种家长会主要向家长宣讲孩子进入小学、初中、高中后应该注意的事项，家长应如何当一名适应不同学段的家长等。

（2）大型监测考试后。主要是期中考试、期末考试后。这两次考试，集中反映了学生前期在学校的成长情况、学业情况，应与家长做充分的沟通交流。

（3）大型活动组织时。班级组织大型的研学旅行、社会调查、青春礼、成人礼、读书会等重大活动时，可组织召开家长会，动员家长参与，亲子共参与、共成长。

2. 会前准备

组织召开家长会前，班主任和其他参会的教师都要认真准备。除了准备讲解的主题、内容，还要精心布置教室环境、营造教室氛围，张贴欢迎标语，准备好发放给家长的资料等。

3. 会议内容

家长会的内容，一般应包括以下内容：一是分析成绩（但不要仅仅局限于分析成绩）；二是汇报介绍班级整体状况，包括学习情况、卫生情况、纪律情况、各类获奖情况等，让家长产生集体荣誉感；三是表扬优秀学生，当然不仅仅是学习成绩优秀的学生，应包括在德智体美劳各个方面取得优异成绩的学生；四是表扬优秀家长，包括家庭教育方面、支持学校班级工作方面做得好的家长；五是家庭教育知识培训等。

4. 注意事项

一是班主任要精心备课，认真制作课件，不要应付，否则班主任在家长心目中的地位将会下滑；二是不要将家长会开成批判会、批斗会，特别是不要当着全体家长面批评某些学生、某些家长，对问题严重的学生私下交流，不要公开批评，这是一大忌讳。

（二）家访

60多年前，乌克兰著名的巴甫雷什中学来了一位叫高里亚的学生，他懒惰、说谎、违纪，全校闻名。他的老师去家访，才发现这是个不幸的孩子，父亲早逝，母亲入狱，他只好寄居在姨妈家，对生活失去了信心。根据家访了解的情况，这位老师对症下药且循循善诱，悉心温暖高里亚受伤的心灵。在老师的教育感化下，高里亚表现积极了，学习进步了，加入了少先队，好像变了个人似的。

这位老师就是苏联著名教育家苏霍姆林斯基。苏霍姆林斯基一生教育转化过 178 名所谓"难教育的学生"。他的秘诀是：每周都要走访这些孩子的家，深入了解他们的生活环境，跟孩子的家长交谈，了解孩子在家中的表现，有的放矢，使教育更有针对性。

苏霍姆林斯基家访的故事揭示了一个教育规律：因材施教的前提是了解受教育者，而家访正是全面了解学生的重要途径。

家访是沟通教师、家长、学生心灵的桥梁，是拉近彼此心理距离的纽带。家访有利于互相了解情况，彼此交换意见，达成教育共识。但是，在信息时代，忙碌的教师和忙碌的家长往往用打电话、发短信、网上聊天的形式交流，家访似乎被淡忘了。我们必须承认，线上无论如何都代替不了线下，网络交流无论如何都代替不了面对面交流。所以，我们必须重拾家访这一学校与家庭联系的重要沟通渠道，发挥家访的重要作用。

那么，教师如何进行家访？

（1）充分备课。明确家访需要交流的重点领域、了解的重点信息。每个学生的情况都不一样，对每个学生的家访都要单独制定家访方案，哪怕这个方案是无形的，是藏在心中的。

（2）商定时间。家访的时间要与家长商量，尽量尊重家长的时间安排。

（3）确定地点。家访的具体地点尽量选在学生的书房，教师可以一边与家长交流，一边观察学生在家中的学习情况。

（4）控制时长。一次家访时间尽量控制在 40 分钟之内，时间短了了解信息不全面，时间长了耽误家长工作，或影响学生及家长休息，有时会陷入尴尬。

（5）把握基调。家访的主题是教师、家长交流学生在家、在校表现，共同探讨教育学生的方法。有的教师把家访变成了"批判会"，以批评学生为主，甚至批评家长，使家长和老师的关系更加疏远，这是不可取的。即使学生在学校表现很差，教师也要讲究策略。

（6）注意形象。教师家访不能让家长接送、不能收取家长礼物、不能接受家长宴请、不能让家长帮忙办私事，要维护好教师高尚的师德形象。

（三）书信交流

书信是传统的交流方式，在网络信息化时代，还有使用书信沟通的必要吗？非常有必要。山东省青州市旗城小学教师王秋梅说："给家长写信是我与家长最有效的沟通方式，也是我干好班主任的重要一招。"王老师说，打电话，三言两语往往说不清楚；通过QQ、微信交流，很多家长就会敷衍，甚至根本不看，所以她就给家长写信，而且还要打印出来，让学生带给家长。她说，给家长写信要注意几点：一是篇幅不能太长；二是要真诚交流；三是要让家长能看懂；四是渗透先进的教育理念，起到教育家长的作用；五是需要家长特别重视的内容用黑体字或下划线标注，以引起家长的注意。王老师善于在重要时段、抓住重要机会给家长写信，起到了非常好的效果，她带的班总是班风最好、成绩最好，在一级又一级学生家长中树立了良好的口碑，有些最难管的落后班到她手里很快就会蜕变为先进班，很多让其他老师头疼无比的"难玩头"到她手里就"乖乖就范"，很多家长慕名把孩子送到她的班。

以下是王老师写给家长的四封信。这些信，像散文一样，很简练，很真诚，很感人，很优美。从信中，我们可以读出王老师对学生的爱、对家长的真诚、对工作的负责和认真，也充分显现了王老师的教育智慧、教育情怀。

【第一封信】

您的宝贝我的爱

尊敬的家长：

您好！时间过得真快，转眼开学已经两个多月了。其间出于诸多原因，没有及时与大家联系，请理解！

从孩子进入学校的那一刻起，从孩子进入一年级三班的那一刻起，我们也就因为孩子，心连在了一起，并因此由陌生变得熟悉起来。

对孩子的教育，家庭、学校、社会都有责任。在学校里，请你们放心，我会尽心尽力，从吃穿住行、坐立行走及做人习惯等方面，全心全意地管好孩子，让他们从各个方面逐渐养成良好的习惯，虽然这个过程中会有不少的困扰，但我相信：只要付出，一定会有回报。相信在不久的将来，我们的孩子会成长为优秀的小学生。

当然，在家中，你们也要注意对孩子的培养，要学会爱孩子。俗话说得好："娇吃娇穿不能娇习惯"。对孩子的爱要有分寸、讲原则，否则就成了溺爱，反而是一种伤害，是吗？

这次重点跟大家说一下关于"让孩子学会自理"一事。让孩子学会自理，不是大撒手，什么也不管了，而是家长在旁边监督，看着孩子自己收拾，特别是收拾书包等，落下的可以及时提醒，这样孩子就会慢慢养成习惯。

孩子是我们的希望，望子成龙、望女成凤是我们共同的心愿。为了孩子，让我们联起手来，加强沟通与联系。心相通，爱相连，合作才能双赢！作为班主任，你们的理解与支持，是我工作的最大动力。您的宝贝也是我的宝贝！

在今后的日子里，有什么需要家长配合的，我会通过这种方式与大家联系沟通，希望家校联手，让一切变得更好！

大家可以在信的反面把您的想法写给我哦！

祝大家工作顺利，万事如意！

【第二封信】

家庭学习，不可忽视

尊敬的家长：

您好！首先祝大家工作顺利，心想事成！

一段时间以来，我发现孩子与家长的亲子活动存在一些问题，所以导致了孩子的进步速度不尽如人意！

这次致信，主要提醒大家注意几个常规任务：

1.《一米阅读》。请每天挤出 10 分钟跟孩子一起学习，树立榜样，并在每天晚上督促孩子完成。可以先让孩子把文章读熟，看看有哪些测试题，然后拿准了再让孩子做题。

2．古诗背诵。要求孩子读熟直至背诵，字全部能够认读。

3．生字积累本。学期初，要求家长给孩子准备一个"生字积累本"，每天晚上让孩子多认两个字，家长写上，孩子能注音，然后检查孩子对生字的认识情况，努力做到日日清。

4．本学期，要求孩子每天晚上把"声母、韵母、整体认读音节"默写一遍，请大家做好监督和陪伴。

还是那句话：路走得最远的不是走得最快的人，而是坚持不懈不停走的人！希望大家能够做到坚持！

心相连，手相牵，孩子才能永向前哦！谢谢！

【第三封信】

怀揣一颗感恩的心

尊敬的家长：

您好！带着满腔的感动提笔，首先祝大家身体健康，家庭幸福！

即使是北风凛冽，数九天寒，我都没有觉得任何凉意，因为，在这里，我拥有一群天真可爱的学生，遇到了一群通情达理的家长！感谢有你们！

人世间，不论遇到什么事情，只要怀揣一颗感恩的心，那么，人与人之间就不会产生隔阂，就会和谐相处。

对我，怀揣一颗感恩的心，热爱每一个孩子，尽心关爱他们的成长，尽力培养他们的习惯，努力使他们成长为优秀的小学生，这是我的职责，也是我的幸福所在。

对你们，如果怀揣一颗感恩的心，感恩一切可以感恩的人，将会给孩子树立一个很好的榜样。身教胜于言教，让孩子学会感恩，我们责无旁贷！

回首这个学期，从期中考试后，我们实行了小组制度，家长和孩子们的学习热情空前高涨，孩子们的进步也是有目共睹！衷心感谢大家的辛苦付出！

有付出，就有回报。现在，到了检验我们的付出时刻啦。在此，我把期末考试需要注意的事项再跟大家说一下，虽然我在班上强调了好多遍，依然不放心，希望你们在家中继续提醒孩子。

考试时要注意做到以下四点：

1．认真听题、审题。监考老师读哪个题，就跟着看哪个题，必须的！不明白的可以让老师再读一遍题目要求，但不能说"老师，这个题我不会"。

2．认真书写。期末考试，有10分的卷面分，叮嘱孩子们一定要规范书写，保持卷面整洁。如果实在是写错了，用橡皮擦的时候，要擦得干干净净，然后再写。

3．先易后难。做题过程中，先做容易的，把最有把握的题先做好！不要一看题目不会，就停在这里冥思苦想，不管其他题了，这是最不可取的！

4．细心检查。做完试卷后，如果还有时间，就认真检查，从第一题开始，重新做一遍。如果正确，就不要擦了，错的抓紧时间改过来！（让孩子们学会检查，重在平时！平常作业，家长检查，如果发现错误，请不要直接告诉孩子，只说有错误，然后让孩子自己检查，这很重要！）

马上就要期末考试了，在帮助孩子完成必要的学习任务之余，要保证孩子的身体健康，让孩子多吃蔬菜、水果、多喝水，预防感冒。

懂得感恩，学会付出，一切将会更美好！

我坚信：一年级三班的孩子，在不久的将来，一定会与众不同的！还是那句话：相信种子，相信岁月！

为了孩子的明天更美好，你们，我，我们，携手，加油！

三、家校合育的注意事项

沟通是一种艺术，每一次成功的沟通都是一次有意义的教育。既然是一种艺术，就有很多原则、技巧、方法。不管是电话、短信、微信、QQ沟通，还是召开家长会、家访、短暂会面等见面沟通，教师要特别注意以下几个方面：

（一）尊重家长

教师与家长在地位上、人格上、角色上都是平等的，学生是教师管理的对象，但家长不是。在现实中往往教师是互动的主动方、发起者、控制者，而家长属于被动方、从属方、被控制者，总是被"牵着鼻子走"，这样导致了教师与家长关系的不和谐。所以，尊重家长，让家长在心理上取得与教师平等的地位，这是家校沟通的基础。怎么做呢？要从最起码的礼貌做起，要礼貌待人，不论在任何情况下请家长到校，应主动给家长让座、倒水，要有为人师表的风度和人格魅力。有了对家长的尊重，后面的沟通工作就好做了。

（二）控制情绪

很多教师因为学生成绩大倒退，或者出现严重违纪，便大发雷霆，情绪激动，家长到校后便一顿训斥，像训孩子一样训家长，导致家校关系更加紧张。这一点必须控制。对于犯错误的学生，要求学生家长到校时教师更应控制自己的情绪，不能将孩子的过错迁移到家长身上。家访时教师更不能大发雷霆，一味批评孩子。

（三）学会倾听

要虚心听取家长的意见和建议。现在的学生家长很多都有高学历，有很高的理论水平和家教水平，要虚心倾听家长的意见，倾听孩子在家中的表现。即使有的家长说的不是很在理，也要让人把话说完。

（四）表扬为主

与家长见面后，先充分肯定孩子的优点，再有策略地指出孩子的问题，不要搞成对孩子的批判会。山东省青州市北关初中陈孝花老师善于运用表扬手段，她班的娜娜同学，对自己总是不自信，每次和她父母交流时，父母也经常指出她的很多缺点。为了帮助娜娜建立自信，去娜娜家家访时，陈老师说了一大堆娜娜的优点，甚至对有些优点适当夸大，说娜娜是个善良的孩子，总是会帮助人，上课时遵守纪律……第二天来上学的时候，娜娜同学蛮认真地问陈老师："陈老师，我真的有这么好吗？""那当然啦！""昨天我妈妈都表扬我了呢，叫我以后要保持。"可见，表扬的力量无比巨大。

（五）回避学生

学生出现问题时，不当着学生家长的面训斥学生，可先把家长叫出办公室，在一个单独的环境里向学生家长说明情况，形成一致意见。这是保护学生的自尊，也是对家长的尊重。

（六）提前备课

与家长见面，特别是召开家长会、家访等重要见面会，教师要充分备课，掌握学生的所有信息，使家长感受到教师的敬业精神，感受到教师对学生的重视。

修炼道德情感力：教育家型教师必备的道德情感素养

没有爱，就没有教育。热爱孩子是教师生活中最主要的东西。

——苏霍姆林斯基

至圣先师孔子说过"德不孤，必有邻""君子怀德"等话语，对几千年来如何为人处世提出了基本的道德规范。今天看来，这些道德规范仍旧适用，仍旧闪耀着璀璨的光芒，时时刻刻提醒我们，做人要讲道德，为官要讲官德，从医要讲医德，为师要讲师德。

毋庸置疑，拥有高尚的道德情操、博爱的教育情怀，是一名教师首先应具备的人格修养和卓越品质。教育家精神内涵丰富，"心有大我、至诚报国的理想信念""言为士则、行为世范的道德情操"是其道德层面的内涵。情感是隶属于道德范畴的。道德是一种力量，情感也是一种力量，二者十分相近，相互依存，相互促进。笔者将二者叠加，称为"道德情感力"。但为了方便论述，还是将"道德"与"情感"分开来说。

一、修炼高尚职业道德

教师修炼高尚职业道德，主要包括以下内容：

（一）遵守法律

这是教师职业道德的底线。因为教师首先是一个公民，公民首先必须守法。法律所禁止的，都是道德所谴责的。如果教师出现违法犯罪行为，那将会受到法律的惩处，专业成长的路将会被堵甚至被堵死。

（二）遵守纪律

这里说的"纪律"主要指党政和纪检监察部门出台的相关纪律、规定、条例等，特别是对党员干部的管理规定。对这些纪律、规定、条例等，党员教师要严格遵守。非党员教师也同样要遵守。

（三）遵守公德

这里的公德主要指遵守社会公德。我国《公民道德建设实施纲要》中对社会公德方面的主要规范要求是"文明礼貌、助人为乐、爱护公物、保护环境、遵纪守法"，教师必须遵守这些公德。

（四）履职尽责

这里主要指教师要履行好为师的责任，不断增强责任感，在强烈的责任感驱使下更好地教书育人、立德树人。责任感是教师促进学生发展的理性力量。每名学生身心是否健康，成长是否快乐，发展是否全面，个性是否得到呵护，知识与能力是否不断增长与提高，关乎每名学生一生的成功与幸福，乃至关乎每个家庭的未来。一名学生如此，一个家庭如此，那千千万万名学生呢，千千万万个家庭呢？推演开去，那就关乎整个国家和民族的未来了，责任就更大了。所以说，当教师责任之重重于泰山，教师在工作中不允许有丝毫的懈怠与马虎。

但是，这里还要说明一点，那就是教师的责任虽然重大，但不是无限的，而是有限的，千万不要不管学生出了什么事，过错全归到教师身上。因为家长和家庭还承担着培育学生成长的重大责任，家长是孩子的"第一任教师"，家庭是孩子的"第一所学校"。很多学生出现问题，特别是出现很多根深蒂固、难以解决甚至无法解决的问题，而这些问题的根源在家长和家庭。所以，厘清教师的责任边界还是非常重要的。

二、修炼深厚教育情怀

什么是教育情怀？一个字完全可以概括：爱。教师要像伟大的教育家陶行知先生那样"爱满天下""捧着一颗心来，不带半根草去"；要像人民教育家于漪那样有"以天下为己任""以教育为己任"的忧患意识和责任感。教师要爱祖国，爱教育，爱学校，爱课堂，爱学生，爱生活，其中最核心的是爱学生。教育的终极目标是发展学生，成就学生，完善学生。爱学生，是教师全部教育情怀的归宿。

爱学生，就要树立科学的学生观。每名学生都是发展的人、独特的人、系统的人，教师应用发展的观点、独特的观点、系统的观点去看待学生，允许学生犯错，给学生成长的期待；尊重学生个性，公平对待每个学生；全面关照学生的成长环境，系统促进学生成长。

爱学生，就要建构亦师亦友的师生关系。优化人际关系，是推进学校现代治理的重要基础和前提。顾明远先生说过："好的师生关系是最大的教育力量。"李希贵校长说，在还没有建立好的人际关系时就实施教育，这样的教育注定会失败，"要想使教育有效果，就要和学生建立良好的关系。"教师对学生要敬畏其生命，关注其差异，尊重其人格，多表扬、多赞美，多理解、多包容，不偏心、不歧视，师生关系就会发生根本性的变化。

爱学生，就要促进每一名学生健康成长。对待学生，要"关爱每一个，不放弃最后一个"，教学的起点要关照到班级中每一名学生，而不要只盯着前20名、前10名甚至更靠前的所谓的尖子学生；要开全课程，上足课时，特别是要上好音乐、体育、美术、技术等课程，促进学生全面发展；要重视德育，将德育渗透到教育教学工作的每一个环节、每一个链条，春风化雨，润物无声。

爱学生，就要深刻理解并发挥好爱的伟大力量。爱是教育的前提，爱是教育的真谛，爱是教育的方式，没有爱就没有真正的教育。爱是阳光，教师心中有爱，就能照亮学生的心灵，就能让学生每天沐浴在爱的阳光里，犹如禾苗沐浴着阳光，茁壮成长，不断长高、长大。爱是力量，教师心中有爱，就能开启学生心智，完善学生人格，点亮学生生命，就能帮助学生解决成长中的问题与烦恼，就能给学生生命注入强大的动力，让他们在人生旅程上勇敢向前，所向披靡。教师要心中有爱，要满含感情地投入每一天的教育教学工作中去，特别是要爱每一个童真无邪、天真烂漫、青春无敌的学生，时时处处播撒爱的光辉——如此，立德树人的神圣工作才能做得更好，教育人生才能更加有意义，更加丰盈，更加成功，更加完美。

古往今来，很多名人大家都提出了关于教育与爱的名言。这些名言，字字珠玑，句句经典，穿越时空，历久弥新，引起广泛而持久的共鸣与反思。如下面这些：

● 只有爱才是最好的教师，它远远超过责任感。（爱因斯坦）

● 爱，首先意味着奉献，意味着把自己心灵的力量献给所爱的人，为所爱的人创造幸福。（苏霍姆林斯基）

● 爱别人就等于爱自己。（巴基尔慕斯）

● 爱就是充实了的生命，正如盛满了酒的酒杯。（泰戈尔）

● 爱生如已，教生如子，待生如友。（曾文琦）

● 爱是生命的火焰，没有它，一切将变成黑夜。（罗兰）

● 孩子需要爱，特别是当孩子不值得爱的时候。（赫尔巴特）

● 教师的爱是滴滴甘露，即使枯萎的心灵也能苏醒；教师的爱是融融春风，即使冰冻了的感情也会消融。（巴特）

● 教育不能没有爱，没有爱就如同池塘没有水；没有水就没有池塘，没有爱就没有教育。（夏丏尊）

● 教育植根于爱。（鲁迅）

● 没有爱，就没有教育。（苏霍姆林斯基）

● 热爱孩子是教师生活中最主要的东西。（苏霍姆林斯基）

那么，"爱"到底有哪些具体而深刻的内涵呢？

（一）爱是喜欢

学生天真无邪，充满童趣，青春灿烂，像盛开的花朵，像蓬勃的春天。孩子是家庭的希望，是祖国和民族的未来。教师喜欢学生，就能够走进他们的孩童世界，感受童真之美、希望之美、成长之美。这种情感一旦产生，教师便能产生对学生的敬畏之情，一种对生命的敬畏，对未来的敬畏，对希望的敬畏，便具备了做好教育工作的情感前提。

所有教育大家，都是非常喜欢孩子、爱孩子的。著名儿童教育家陈鹤琴说过，假如有"来生"，我还愿意做教师，"因为我喜欢孩子"。他最爱听儿童歌曲，90 岁生日那天还听。逝世前，他用颤抖的手写下九个字："我爱孩子，孩子也爱我。"

只要喜欢孩子，并给予孩子充分的爱，就会收获教育的奇迹。大家可以从下面这个故事去体会：

曾经有一位教授给自己的学生们布置了一项富有挑战性的任务：深入城市的贫民区，寻找 200 名年龄在 12 岁至 16 岁的少年，详细调查他们的家庭背景、生活环境，并尝试预测他们的未来走向。

学生们运用所学的知识和工具精心设计了问卷，并与这些少年进行了深入的交流。通过仔细分析这些收集到的数据，他们得出了令人震惊的结论——预计这些少年中有高达 90% 的人将来可能会面临牢狱之灾。

时光荏苒，二十五载匆匆而过。这位教授的新一批学生接到了一项特殊的任务：验证二十五年前那次预测的准确性。他们再次踏上旅程，重返那片贫民区。昔日的少年们如今已长大成人，各自踏上了不同的人生道路。尽管有些人仍居住在原地，而有的人则已远走他乡，甚至有人已经离世，但学生们最终还是成功联系上了原200名少年中的180位。令人惊讶的是，他们发现仅有4人有过入狱的经历。

这一惊人的反差引发了研究人员的极大兴趣。经过一番探寻，他们得知了一个关键信息：曾经有一位女教师对这些少年产生了深远的影响……

通过进一步的深入调查，他们最终找到了这位女士。他们问出内心的疑惑：在那样的条件下，她是如何给予少年们如此良好的影响的？这位女士微笑着摇了摇头，轻声说道："我真的不知道该如何回答你们。我只是由衷地喜欢那些孩子，深深地爱着他们……"

（二）爱是尊重

每个人都是具有独立人格的人。学生也是，不管是幼儿园学生，还是小学生、中学生。教师要尊重学生，尊重学生的个性，尊重学生的爱好，尊重学生的习惯，尊重学生的选择，尊重学生的生活方式，平等对待学生。切不可摆师道尊严，高高在上，恃强凌弱，更不可体罚、变相体罚、讽刺、挖苦、侮辱学生。这是做好一名教师基本的要求。

教育家陶行知说："你的教鞭下有瓦特，你的冷眼里有牛顿，你的讥笑中有爱迪生。"这一经典名言说明，每一个孩子都有成功甚至成为大家的可能，所以不要纠结于孩子一时的表现与过失以及当前的现状。

下面这个故事充分说明，尊重一个人便能成就一个人：

故事中的主人公在学校里，经常被同学们取笑和排斥，因为他有一个异常显眼的大鼻子。因此，小男孩总是独自一人，喜欢躲在教室角落的窗户边，凝视着窗外的世界。

某一天，一位老师注意到了小男孩的孤独与忧伤。她轻轻走到他身边，温柔地问他在看什么，小男孩没有回答，只是伸手指了指窗外，那里的人们正在为一只逝去的宠物狗举行葬礼。

老师微笑着牵起他的手，带他走到教室的另一扇窗前，问道："现在，你又看到了什么？"窗外是一片盛开的玫瑰花园，花香四溢。小男孩被眼前的景象所感染，他的心情也随之豁然开朗。

老师慈爱地摸了摸他的头，告诉他，有时候，人心情不好只是因为开错了窗。老师拉着他的手说，她并不觉得他的鼻子难看，反而觉得他的大鼻子是那么独特而迷人。

小男孩有些困惑，既然如此，大家为什么都嘲笑他呢。

老师鼓励他说，那是因为其他人还没有看到他真正美丽的一面，不妨试着换一扇窗，把自己鼻子的闪亮之处展示给大家。

不久后，学校举办了一场小型戏剧表演，老师鼓励小男孩参与，并为他找到了一个非常适合的角色。在舞台上，小男孩精彩的表演大获成功。他的大鼻子不仅不再是笑柄，反而成为他的标志，让他在学校里名声大噪。

后来，小男孩凭借自己的才华和勇气，一步步走上了更大的舞台，甚至成为全国知名的明星。他用自己的故事告诉所有人：当我们面对生活中的困难和挑战时，不妨换一扇窗，换一种思维方式、换一个角度看待问题，或许就能打开一个全新的大门。

故事中的老师正式因为尊重小男孩，才出现了小男孩人生成功的奇迹。

（三）爱是公平

公平就是对人对事平等相看，平等对待，不偏不倚。公平是这个世界上最后的良知，是这个世界上最灿烂的阳光。

教育公平更为重要，极其重要。最大的教育公平就是教师公平对待每一个学生。不管这个学生个子高矮长相俊丑，不管学生家庭富裕还是贫困，不管学生学习基础扎实还是薄弱，不管学生个性张扬还是内敛，不管学生是"听话"还是调皮。教师尤其要对学习成绩较差的学生一视同仁，万万不可只重视成绩好的优秀生，而对排名靠后的学生不闻不问，甚至冷落一旁；更不能对身体、性格有缺陷的学生冷眼相看，嗤之以鼻；也不能对犯错的学生一棍子打死，从此打入"冷宫"，另眼相看。从某种意义上说，弱势群体更需要教师的关爱。爱是公平，公平对待每一个学生，是实现教育公平的起点、基础、关键。

多元智能理论告诉我们，孩子这方面不行，可能那方面就行；这方面不突出，可能那方面就很好。公平对待每一个学生，就能让每一位学生都得到发展、成长，也才不会埋没人才。苏霍姆林斯基说："在我们的学生身上，隐藏着天才的数学家和物理学家、哲学家和历史学家、生物学家和工程师、大田里和机床旁的创造性劳动能手的素质。这些天才的素质，只有在每一个学生遇到教师用这样的'活命水'来浇灌的时候，才能蓬勃成长，否则就会干枯和衰败。智慧要靠智慧来培育，良心要靠良心来熏陶，对祖国的忠诚要靠真正为祖国服务来培养。"

下面这个故事，就是一个普通教师因为公平对待学生才使这个学生变得越来越好的典型案例。

做一名教育家型教师

调　桌

接了一个谁都不愿意接的"烂班"——四年级二班。因为班里有个难缠的家长，曾经因为孩子跟领导"干过仗"！

记得第一次走进教室，竟然看到最后一个座位上的男孩子把头伸到桌洞里！

经了解，这个孩子从小因为父母经常吵架，而导致他有些自闭。由于表现特殊，没有人愿意跟他同桌。更令我想不到的是，前任班主任不仅让他独自坐在教室的最后边，而且班里只要有什么违反规定的或者不和谐的事情，错就都是他的！

就这样，他成了众矢之的！也是因为这种"特殊待遇"，他的爸爸才与领导"干仗"！

"王老师，你不知道，俺孙子每天回家我都发现他身上青一块紫一块的……从一年级到三年级，都是他独自坐一个座位，而且总是在最后一排的角落里，只要班里有坏事，都赖在他头上……"他奶奶絮叨的语气里多的是心疼和无奈！

即使他的表现差强人意，孩子在家长手里就是一块宝，我们老师也应该平等对待每一个孩子。

苏霍姆林斯基曾经说过："儿童信任你，因为你是教师、导师和人性的榜样。你必须严格地、坚决地关心儿童，毫不妥协地反对我们的教育工作中那种对儿童漠不关心、冷酷无情的现象。"开始，我并不是特别理解这句话的意思，但是现在，我对此有了深刻的理解！

可是，班里57个孩子，怎么排都要有一个人单桌！怎么办？一

第十二章　修炼道德情感力：教育家型教师必备的道德情感素养　　253

边是家长的期待，一边是57个孩子！怎么解决这个问题呢？真是棘手啊！

灵光一闪——3个人一张桌！57除3正好整除！单桌的难题迎刃而解！可是，又有谁愿意跟他挨着呢？

"能够在一个班级，我们就是一个大家庭，应该互相帮助、互相团结友爱。因为同学之间就是兄弟姐妹，对于不如自己的同学，应该帮助他提高，而不是欺负他，嘲笑他……"必要的思想教育是不可或缺的！

于是，我专门给这个孩子安排了两个学习、品德优秀的女同学，并且嘱咐这两个女同学，一定要帮助他，共同提高，而不能远离他，更不能讽刺挖苦他……

没想到，调桌后的第二天，他奶奶竟然到学校里来了！"王老师，真的太感谢您了！一直以来，孩子无论是身体上还是精神上都是被歧视和伤害的，现在您不但给他安排了同桌，还安排了两个表现最好的。真的，太感谢您了……"她拉着我的手，老泪纵横！我没想到，我只是做了老师应该做的——平等对待每一个孩子而已！

后来，这个孩子再也没有惹是生非，而是表现特别好。上课能认真听讲了，作业也认真了，字写得也好看了，能主动跟老师聊天了……这些都是意外收获！

"要成为孩子的真正教育者，就要把自己的心奉献给他们。集体的温柔和善良的情感，集体的关切——这是一种多么巨大的力量啊！它就像一股汹涌的急流，撼动着感情最冷漠的学生。"苏霍姆林斯基的话犹在心头！是啊，班主任能够细心用心去对待每一个孩子，我们往往会得到意想不到的收获！

（四）爱是责任

责任是人生的骨架，担当是成长的催化剂。尽责才能体现人品，担当才能顶天立地。

我们选择了伟大的教育事业，就意味着选择了沉甸甸的责任与担当。这份责任与担当，不仅是对一个个孩子的，还是对一个个家庭的；不仅是对学校的，还是对国家和民族的；不仅是对当下的，还是对遥远的未来的。这份责任，这份担当，无比重大，重于泰山。

教师对学生负责，既要让学生学到知识、提高能力、增长才干，又应让学生学会做人、学会交往、学会生活，把学生培养成德智体美劳全面发展的有用之才。这是教育的应有之义，是教师的分内职责。这既是对孩子个人的一生负责，又是对孩子的家庭负责，更是对祖国和民族的未来负责。

因此，教师要树立教孩子一年、想孩子一生的理念，带着强烈的责任感和使命感从事教育教学工作。

（五）爱是包容

海纳百川有容乃大，壁立千仞无欲则刚。包容是一种心胸，是一种修养，是一种格局。

当教师，必须有一颗包容的心。因为学生属于未成年人，人生观、世界观、价值观尚未形成，他们玩心重，好奇心强，犯错是必然的。不管是学习上的还是生活上的错误，教师都应以一颗包容之心对待，把孩子犯错当作教育的良好契机，给孩子改正的机会。

善包容是一种教育的智慧，也是为人处世的智慧。教育家陶行知"三块糖"的故事充分体现了他对学生的包容，也体现了他的教育智慧。

陶行知当小学校长时，有一天看到一个学生用泥块砸自己班上的同学，当即喝止他，并责令他放学时到校长室里去。

放学后，陶行知来到校长室，这个学生已经等在门口了。一见面，陶行知就掏出一块糖送给他，并说："这是奖给你的，因为你按时来到了这里，而我却迟到了。"学生惊异地接过糖。随之，陶行知又掏出一块糖放到他手里，说："这块糖也是奖给你的，因为我不让你打人时，你立即住手了，这说明你很尊重我，我应该奖给你。"那个同学更惊异了。陶行知又掏出第三块糖塞到他手里，说："我调查过了，你用泥块砸那些男生，是因为他们不守游戏规则，欺负女生。你砸他们，说明你很正直善良，有作斗争的勇气，应该奖励你啊！"那个同学感动极了，流着泪后悔地说："陶校长，你打我两下吧！我错了，他们毕竟是我的同学啊！"

现在很多教师往往学生一犯错，立马训斥一顿，然后责令回家反省，或者通知家长到校，把家长也痛批一番。这样会严重打击学生的自尊，还会影响家校关系。这是应该坚决避免的。学生犯错之后，能在班里解决的，不上升到学校层面；能在学校解决的，不让家长参与进来。这是教师应该遵循的原则。

（六）爱是赞美

赞美是一种处世艺术，是一种社交智慧，也是一种管理法则。

受到表扬、接受赞美是人之心理需要。作为未成年人，学生更需要教师的表扬和赞美。从某种角度上说，好学生是"夸"出来的。所以，教师要善于拿起表扬的武器，及时表扬学生的点滴进步。学生在学习上、生活上一有进步，教师就要大加表扬，这会大大增强学生的自信，成为他们成长发展的强大力量。教育家魏书生非常善于运用"赞美"管理法，让学生写出自己的优点，摆放在课桌上，时时看到，以此坚定自信，鼓舞斗志，起到了很好的教育效果。著名的"罗森塔尔实验"也充分印证了赞美的力量：

1968 年的一天，美国心理学家罗森塔尔和助手们来到一所小学，他们从一至六年级中各选三个班的学生进行所谓"预测未来发展的测验"。之后，罗森塔尔以赞许的口吻将一份标明"最有发展前途"的名单交给了校长和相关老师说："这些儿童将来大有发展前途。"并叮嘱他们务必要保密，以免影响实验的准确性。实际上这些学生是随机抽取的，结果八个月后，对这些学生进行智能测验，奇迹出现了：凡是上了名单的学生，个个成绩有了较大进步，且性格活泼开朗，自信心强，求知欲旺盛，更乐于和别人打交道。

实验中，罗森塔尔的"权威性谎言"发挥了作用。这个谎言对教师产生了暗示，左右了教师对名单上学生的能力评价。而教师又将自己的这一心理活动通过自己的情感、语言和行为传染给学生，使学生变得更加自尊、自爱、自信、自强，从而各方面得到了异乎寻常的进步。这就是"罗森塔尔效应"，也叫"期待效应"，即热切的期望与赞美能够产生奇迹。期望者通过一种强烈的心理暗示，使被期望者的行为达到他的预期要求。

（七）爱是陪伴

摩西奶奶说："陪伴是最好的爱，可以抵挡世间所有的坚硬，温暖生命所有的岁月。"

董卿说："陪伴很温暖，它意味着这个世界上有人愿意把最美好的东西给你，那就是时间……陪伴是一种力量，在这个世界上没有一个人是孤岛，失去了陪伴，也失去了生存的意义。"

陪伴是世界上最长情的告白，陪伴是一种无穷的力量，陪伴是最好的教育。我们常要求家长多陪伴孩子，其实对教师来讲也是如此。教师，特别是班主任教师和育人导师要多陪伴学生，多与学生一起读书，一起吃饭，一起运动，一起做游戏，一起谈论人生等。尤其是当学生受到挫折、情绪低落的时候，更需要教师的陪伴与安慰。

爱的陪伴，有时候会带来奇迹。下面这个故事，充分说明了这一点。

黑豹乐队原主唱秦勇，在事业发展的大好时期，于 2005 年突然宣布退出乐队，让大家备感错愕。这其中的主要原因是为了儿子。秦勇的儿子天生智障，"他当时才 2 岁大，就被幼儿园劝退了。"因为儿子不像其他孩子那样跟老师沟通、跟同学沟通，他没有正常语言能力，只会用自己的独特方式去表达意思，比如他要吃饭，他会说"嘎嘎（音）"，要出去玩的时候，他就叫"吧奇（音）"。由于没法和教师、同学沟通，所以他就着急，一着急就和同学打架，和老师也吵。夫妻俩带儿子去医院检查智商，医生给出的结果是孩子智商极低。面对这一严重情况，秦勇没有放弃，他希望儿子健康快乐地成长，拥有一个善良的心智，以后随着科学技术的发展，儿子的智力就有可能恢复正常。基于这种考虑，秦勇毅然决然退出了歌坛，开始全身心照顾儿子。秦勇大部分时间陪伴儿子，他亲自开车带儿子外出旅游，不厌其烦地教儿子语言。秦勇说，其实他的愿望很简单，就是希望儿子能像普通孩子一样得到周围人的关爱和接纳。离开了摇滚圈，为了生活，秦勇和妻子开过家具厂，亲自给人送货。在能维持一家生计的情况下，就把其他精力都投入培养陪伴儿子中。从秦勇和儿子互相称呼对方的名字上就能体现出这对父子深厚的感情，秦勇喊儿子"大珍珠"，儿子喊秦勇"父王"。在秦勇天天的陪伴和无微不至的照顾下，儿子的病情终于有了好转，还学会了骑自行车。而且，秦勇发现儿子对音乐有着特殊的爱好，看演出时特别专注，于是音乐就成了父子间沟通的桥梁。本以为就这样陪伴着儿子，一直生活下去，但是儿子的愿望促使秦勇重新复出。秦勇的儿子喜欢看《我是歌手》，当看到秦勇给选手加油的镜头时，就拉着秦勇说："爸爸，你怎么不去这个节目啊，我想看到你在上面唱歌。"儿子这句话，感动得秦勇几乎流泪，他知道自己还是儿子眼里那个让他骄傲的歌手。秦勇复出了，他说复出多半是为了儿子。如果说音乐是秦勇的事业，儿子就是秦勇的生命。

（八）爱是奉献

奉献是不计得失、不求回报、心甘情愿的付出，奉献的人生最美丽，奉献的力量最温暖。

在这个世界上，各种职业，五花八门，唯独教师这一职业的工作量难以量化。备了多少课，上了多少课，批改了多少作业等，能够数得清；但教师为了备好课、上好课，为了把学生教好育好，背后的研究与付出无法计量。有的教师比学生提前到校，学生离校后才离校；有的教师整天与学生同吃同住在学校；有的教师把作业带到家中批改到深夜；有的教师生病了，却仍旧坚守课堂：这些工作无法量化。这些都是温暖人心的奉献。我们说教师是奉献的职业，教师是春蚕、是蜡烛，是太阳底下最光辉的职业，真是太贴切、太生动了。教师爱学生，就应发扬无私奉献、爱岗敬业的精神，这是无须外在力量驱使，发自内心的行为。

当然，奉献也不是无限度的，学校应千方百计提高教师的物质待遇，教师也要呵护自己的身心健康。那种为了事业而牺牲健康、牺牲家庭的做法是不提倡的。

亲爱的老师们，我们选择了教育这一职业，就意味着选择了高尚道德与爱，也选择了崇高和伟大。

感人心者，莫先乎情。爱的力量感天动地，情感的力量无与伦比。教师只有拥有宽广博大的爱心，在工作生活中无条件地、自觉地喜欢学生、尊重学生、欣赏学生、宽容学生、关心学生，才能从内心深处感动学生、激励学生，学生才能对教师心存感激、心怀感恩，师生关系才能亲如兄妹，亲如父（母）子、亲如朋友，教师与学生才能心灵交融、和谐融洽，才能成为学习共同体、成长共同体、命运共同体，立德树人、教书育人工作才能达到一种高效的、崇高的、唯美的至高境界。

做一名教育家型教师

参考文献

［1］ 张贵勇. 读书成就名师［M］. 北京：教育科学出版社，2013.

［2］ 大前研一. 思考的技术［M］. 刘锦秀，谢育容，译. 北京：中信出版社，2015.

［3］ 陶继新. 做一个幸福的教师［M］. 上海：华东师范大学出版社，2008.

［4］ 施良方. 课程理论：课程的基础、原理与问题［M］. 北京：教育科学出版社，
1996.

［5］ 刘铁芳. 什么是好的教育：学校教育的哲学阐释［M］. 北京：高等教育出版社，
2014.

［6］ 黄厚江. 语文就是语文［J］. 江苏教育研究，2008（5）：4-6.

［7］ 万伟. 课程的力量［M］. 上海：华东师范大学出版社，2017.

［8］ 加洛. 乔布斯的魔力演讲［M］. 葛志福，译. 北京：中信出版社，2015.

［9］ 卡耐基. 积极的人生［M］. 李占颖，张弘，译. 北京：远方出版社，2003.

［10］ 佐藤学. 静悄悄的革命：课堂改变，学校就会改变［M］. 李季湄，译. 北京：教
育科学出版社，2014.

［11］ 苏霍姆林斯基. 给教师的建议［M］. 杜殿坤，译. 北京：教育科学出版社，1984.

［12］ 朱永新. 致教师［M］. 武汉：长江文艺出版社，2016.

［13］ 沈毅，崔允漷. 课堂观察：走向专业的听评课［M］. 上海：华东师范大学出版社，
2008.

［14］ 薛农基．优秀教师的六种核心品质：教师一定要读的哲理故事［M］．福州：福建教育出版社，2012.

［15］ 史洁，刘晓利．教师言语技能［M］．北京：中国轻工业出版社，2017.

［16］ 陶继新．高效教学的道与术［M］．南京：江苏凤凰教育出版社，2016.

［17］ 陶继新．高效教学八讲［M］．济南：济南出版社，2023.

［18］ 成尚荣．名师基质［M］．上海：华东师范大学出版社，2017.

［19］ 汪瑞林．教师自我突围的秘诀：36位名师的专业成长经验［M］．上海：华东师范大学出版社，2019.